Cambridge Notes

剑桥笔记

一个英国家族六代人的中国故事

A Chinese Story of Six Generations from an English Family

余坦坦／著

武汉出版社
Wuhan Publishing House

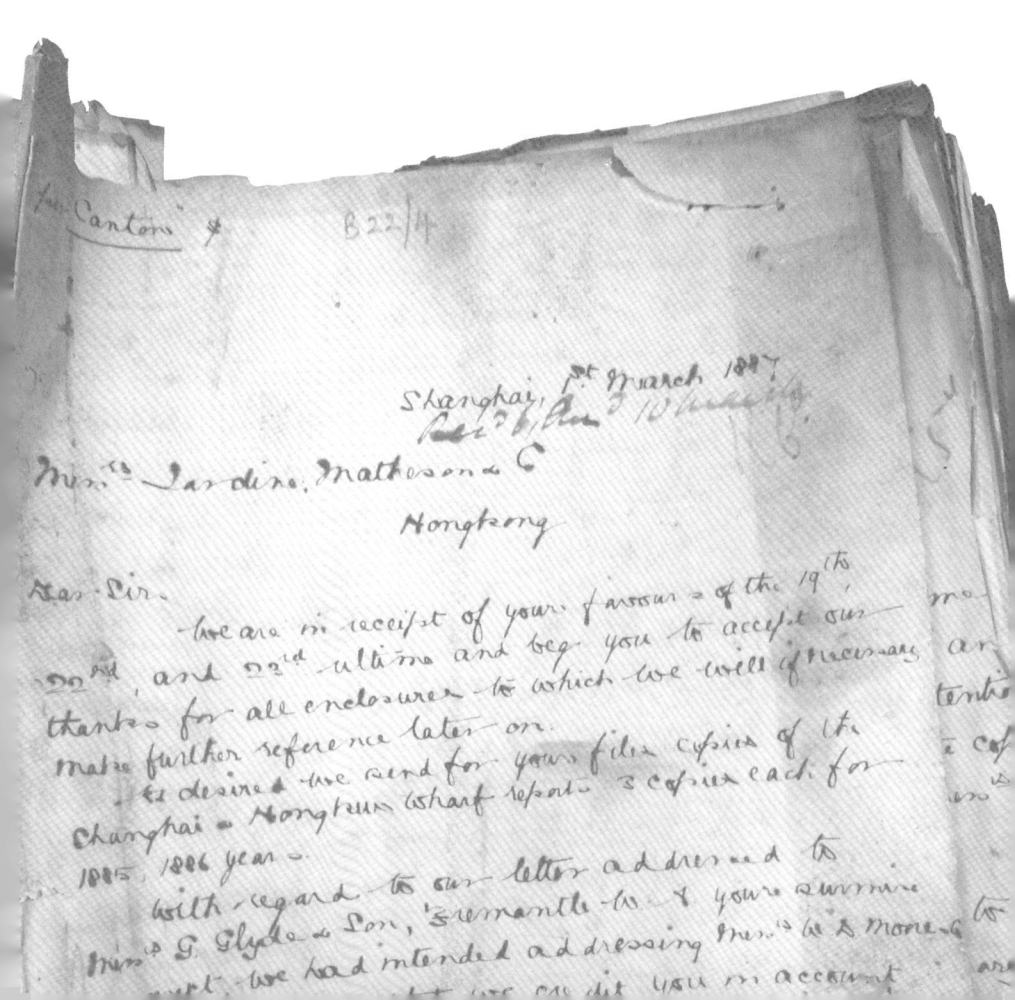

(鄂)新登字 08 号

图书在版编目(CIP)数据

剑桥笔记：一个英国家族六代人的中国故事 / 余坦坦著. — 武汉：武汉出版社，2019.10
ISBN 978-7-5582-3194-0

Ⅰ. ①剑… Ⅱ. ①余… Ⅲ. ①西蒙·霍沃思-家族-传记 Ⅳ. ①K835.610.9

中国版本图书馆 CIP 数据核字(2019)第 211562 号

著　　　者	余坦坦
策　　　划	朱向梅　邹德清
责 任 编 辑	杨建文　管一凡
封 面 设 计	马　波
出　　　版	武汉出版社
社　　　址	武汉市江岸区兴业路 136 号　邮　　编：430014
电　　　话	(027)85606403　85600625
http://www.whcbs.com　E-mail:zbs@whcbs.com	
印　　　刷	湖北新华印务有限公司　经　　销：新华书店
开　　　本	880 mm×1230 mm　1/32
印　　　张	8.25　字　　数：200 千字
版　　　次	2020 年 1 月第 1 版　2020 年 1 月第 1 次印刷
定　　　价	58.00 元

版权所有·翻印必究
如有质量问题，由承印厂负责调换。

谨以此书献给对中国人民怀有特殊美好感情的菲利普·霍沃思爵士和夫人，以及他们的家族

作者与西蒙　刘望 / 画

时间	代际	人物
从1875年开始	第一代	亨利·加德姆（1835—1905）创办H.T.加德姆公司做丝绸生意，通过怡和洋行从中国江浙一带进口蚕茧
	↕ 父子	
1887年—1889年	第二代	哈瑞·加德姆（1865—1940，亨利之子）在怡和洋行设在上海的丝绸商贸部门学习经商
	↕ 父女	
1963年和1967年	第三代	多萝西·加德姆(1901—1985，哈瑞之女)和杰弗里·霍沃思(1896—1987)来中国两次深度旅行
	↕ 姑侄	
20世纪90年代—2004年	第四代	安东尼·加德姆(1939—2008，多萝西侄子)接手家族丝绸生意，恢复从中国进口丝线和蚕茧废料
	↕ 叔侄	
2009年至今	第五代	西蒙·霍沃思（1961— ，多萝西之孙）在武汉成立生物科技公司
	↕ 父子	
2012年	第六代	乔治·霍沃思（1993— ，西蒙之子）来到上海一家公司实习数月

加德姆家族和霍沃思家族与中国交往示意图

李克强总理会见记[①]

余坦坦

2017年9月30日下午5时许,中共中央政治局常委、国务院总理李克强,中共中央政治局常委、国务院副总理张高丽,中共中央政治局委员、国务院副总理马凯,在北京人民大会堂亲切会见了2017年度"中国政府友谊奖"[②]获奖外国专家。我的好朋友、在汉创业英国企业家西蒙·霍沃思博士作为获奖者代表,携夫人参加了会见活动以及随后举行的国务院国庆招待会。据他说,整个会见活动持续了20多分钟,李克强总理发表了讲话。

"我向他讲述了我们家族142年的中国故事……展示了一幅英国剑桥王朝中心的效果图和我的企业 LOGO——一个大大的红色'中'字,这引起了他的注意和兴趣。" 央视截屏

会见时，西蒙·霍沃思博士被安排在第一排就坐，与李克强总理之间只隔着5个人，他的印度裔加拿大籍夫人法莉娅则身着一袭典型的印度妇女民族服饰站在第二排他身后一侧。当晚7时央视《新闻联播》播放这节新闻时，李克强总理与西蒙·霍沃思博士单独交谈的画面持续了数秒钟。从电视画面中可以看到，当时李克强总理走到西蒙·霍沃思博士面前，驻足与他交谈。西蒙·霍沃思博士则将一张他规划建设的英国剑桥王朝中心效果图及其企业LOGO展示给李克强总理，并作介绍。李克强总理含笑听着，还伸手拿住效果图，与西蒙·霍沃思博士亲切交谈，张高丽副总理则站在一边注目观看。

昨晚10时27分，参加完国庆招待会并与其他获奖者聚会后，忙碌了一天的西蒙·霍沃思博士终于回到下榻的北京外国专家大厦，并通过微信与我分享当时的美妙情景。

西蒙·霍沃思博士首先向我讲述了当时与李克强总理交谈的内容和互动的情景："我向他讲述了我们家族142年的中国故事，以及我们家族与中国做丝绸贸易的历史。我还讲到了英中在科技和跨文化教育方面的未来。我特意向他展示了一幅英国剑桥王朝中心的效果图和我的企业LOGO——一个大大的红色'中'字，这引起了他的注意和兴趣。接着，我们讨论了中英基金和王朝中心的概念，探讨了用'中'字做标志创造一个与武汉相连的英国标志性建筑的可行性。当然，我们还谈论了剑桥、创新以及我们家族与中国的联系。"

西蒙·霍沃思博士说,李克强总理一直都用英语和他交谈。

谈到晚上的国庆招待会,西蒙·霍沃思博士用"是个大场面"来形容,并说所有的外国专家在北京度过了美好的几天之后都兴致勃勃。谈到他首次进入的人民大会堂,他说:"人民大会堂是一个鼓舞人心的场所,即使没有一个完整的管弦乐队和世界媒体的关注。"

受到李克强总理的亲切接见,还能和中国总理零距离互动交流,这让西蒙·霍沃思博士感到非常兴奋与激动。昨晚21时29分,他就将央视《新闻联播》李克强总理会见他们的视频发到微信朋友圈,并写道:Premier Li speaks fantastic English.And now both understands and supports what we do. Interesting day in Beijing.(李总理说一口流利的英语。不仅理解也支持我们所做的。北京的一天很有趣。)

由于获奖,这两天祝贺的信件和留言把他的邮箱和微信都挤爆了。西蒙·霍沃思博士在给我的一个留言中写道:I have so much Wechat and text and emails coming in about this award that I can't actually keep up!(关于这个奖项,我收到了太多微信和邮件,我实在跟不上帖了!)

西蒙·霍沃思是英国雷丁大学经济学博士,英国知名创业家兼投资人,英国、美国和中国14家科技公司创始人或联合创始人。现任英国剑桥大学、华威大学、雷丁大学等学府创新、风险资本和新型金融科目客座教授,中英金融俱乐部创始人之一,英中贸易协会活跃会员。2013年,西蒙·霍沃思博士在武汉中国光谷注册成立了自己的生物科技公司——康倍达(武汉)生物科技有限公司,4年来在生物科技领域积极拓展中国市场。2015年,他获得由武汉市人民政府颁发的"黄鹤友谊奖"。其家族6代人绵延不断的中国故事经《长江日报》报道后,广为人知。

2017年10月1日于武汉

注释

①本文是作者为《长江日报》写的新闻稿,于2017年10月1日以《在汉创业英国人西蒙:我向总理讲了我们家族142年的中国故事》为题,在《长江日报》第5版刊出。刊出时文字有删节。

②中国政府友谊奖(the Chinese Government Friendship Award),是中华人民共和国政府为表彰在中国现代化建设和改革开放事业中作出突出贡献的外国专家而设立的奖项,是中国政府给予外国专家的最高荣誉。其前身是上世纪50年代为鼓励来华工作的苏联和东欧等国专家而设立的奖项,周恩来总理和陈毅外长曾在国庆前夕向有特殊贡献的外国专家颁发感谢状。中国国务院授权国家外国专家局于1991年恢复并正式设立中国政府友谊奖,每年约产生50名获奖者,国庆逢五逢十则评选约百名。每年"十一",该年度获奖者会应邀来到北京,出席颁奖仪式,受到中国党和国家领导人的会见,并参加在京举行的国庆活动。

目 录

前　言　为和这个美好国家下一个 150 年成功交往铺路 / 西蒙·尼古拉斯·霍沃思 ……… 1

第 1 章　阁楼发现 …………………… 3
  1　故事从自由绿色庄园"走起" ………… 3
  2　从路虎揽胜里跃出的英国绅士 ……… 4
  3　英国是一个"有秘密的国家" ………… 6
  4　西蒙给了我一把深入英国的"钥匙" … 10
  5　菲利普·霍沃思爵士的电邮 ………… 12
  6　旅行皮箱的期待 ……………………… 15
  7　赴先人与历史之约 …………………… 17
  8　西蒙和皮箱仿佛恋人脉脉含情看着对方
    ………………………………………… 19
  9　这是一只古铜色皮箱 ………………… 21
  10　西蒙发现了"新中国" ……………… 23
  11　西蒙感觉有好几双眼睛在历史深处看着他
    ………………………………………… 27
  12　佐证找到了！ ……………………… 29

13　家族隐没140年的中国故事被发掘出来
　　　　…………………………………………………… 31

第2章　庄园口述 …………………………………… 36
　第1节　自由绿色庄园的口述 …………………… 36
　　1　"我是自由绿色庄园" ………………………… 36
　　2　柴郡是英国腋下的一块肥肉 ………………… 38
　　3　曼彻斯特的过去更加灿烂辉煌 ……………… 40
　　4　克努特国王穿越河流时经过的浅滩 ………… 41
　　5　皮弗是一个典型的英国乡村 ………………… 43
　　6　免费公共草地 ………………………………… 45
　　7　350英亩之广 ………………………………… 47
　第2节　菲利普·霍沃思爵士的口述 …………… 49
　　1　第三代从男爵 ………………………………… 49
　　2　从男爵 ………………………………………… 49
　　3　"切斯特邓纳姆梅西的霍沃思从男爵" ……… 51
　　4　亚瑟·杰弗里·霍沃思从男爵 ……………… 53
　　5　哈雷交响乐团主席 …………………………… 54
　　6　5个孩子 ……………………………………… 55
　　7　"儿子西蒙正在实现我的梦想" ……………… 56
　　8　"我在庄园住了一辈子！" …………………… 59
　　9　自由绿色庄园的过去、现在和未来 ………… 60
　　10　英格兰西北部风格的建筑珍品 ……………… 62
　　11　终生难忘的事 ………………………………… 64
　第3节　拐点和交叉点 …………………………… 67
　第4节　多萝西·加德姆的口述 ………………… 70
　　1　"我们应该再跑去中国！" …………………… 70

· 2 ·

  2 "共产主义铁幕"全然不见 …………… 71
  3 "武汉的天气很热……" ……………… 73
  4 第二次中国之行带有明显的"政治意图"… 75
  5 丰富的"中国遗产" …………………… 76
 第5节 家族记忆镌刻历史的天空………… 79
 第6节 克里斯托弗·霍沃思的口述………… 80
  1 给弟弟西蒙起了"中国人"这个雅号 ……… 80
  2 "中国人"西蒙 ………………………… 83
  3 家族基因塑造了西蒙的"中国情趣" ……… 85
 第7节 亨利·加德姆的口述………………… 86
  1 由我一手"编织"的中国故事 ……………… 86
  2 丝绸——伟大的中国品牌 ………………… 89
  3 世界工业革命"发源于"中国 ……………… 90
  4 家族的商业禀赋值得在曼彻斯特发展史上
   写一笔 ………………………………… 91
  5 1875年开始做丝绸贸易 ………………… 92
  6 "丝绸之路"的西方一端 …………………… 96
 第8节 哈瑞·加德姆的口述………………… 98
  1 英国的生活不是那么快乐 ………………… 98
  2 漫长的旅程 …………………………… 101
  3 "在中国的日子,就是我一生中最为快乐的
   日子!" ………………………………… 101
 第9节 "这是一场完满的讲述"……………… 105
第3章 剑桥报道………………………………… 119
  1 "剑桥版黄鹤楼会成为和大本钟一样著名的
   景点!" ………………………………… 119

· 3 ·

2	复制黄鹤楼,我点赞!	127
3	现象级人物	131
4	安东尼·加德姆	132
5	解读西蒙·尼古拉斯·霍沃思	133
6	名如其人	135
7	八卦文字	138
8	阿巴斯	139
9	阿巴斯模式	148
10	西蒙是谁?	149
11	"我是一个农民"	151
12	"我是一个'坏学生'"	153
13	西蒙·霍沃思博士	155
14	画家西蒙	156
15	喜欢"折腾"的创业家	160
16	宋文君:"我的老板……"	162
17	乔治·亚瑟·路易斯·霍沃思	166
18	结束语:激动人心的时刻就在前面	170

附录1 英国日记 …………………………… 177
  和你在一起 …………………………… 177
    ——与西蒙一家人相处的日子

附录2 电视片解说词 ………………………… 231
  童话般的握手 ………………………… 231
  "中国人"西蒙 ………………………… 239

后 记 ………………………………………… 253

前　言

为和这个美好国家下一个 150 年成功交往铺路

西蒙·尼古拉斯·霍沃思

你能想象一下拿着一本关于你和你自己家族的书是多么奇妙和令人兴奋吗？有些惶恐，但这是我一直期待着的非凡的感觉。

我们家族 6 代人的中国故事包括中英历史上的许多重大事件，我一直着迷于了解关于这段长长的历史的更多信息，同时寻找和提供古代家庭和现代家庭的资料来支持余坦坦的研究。最后这个工作完成了，我从公共档案资料和大量的私人家庭信件、日记、家族书籍和插图中提取重要信息至这一本书里。

当然余坦坦的写作风格对于本书的影响至关重要：在书页上，他以某种方式设法将历史形象地带进了生活和每位读者的想象中，而不仅仅是写一本历史记录。我要感谢余坦坦，为他的非凡的技能、承诺和努力。同时也明白余坦坦的同事肖娟女士所做工作的重要性——她是第一个发现 6 代人联系重要性的人。

对我来说,这本书描述了历史,也展现了未来。我希望通过我自己与中国的交流,也可以像我的祖辈那样实现那么多。现在世界的舞台轮到中国了,我的艰巨而愉快的任务是为和这个美好的国家下一个 150 年的成功交往铺路。

2017 年 10 月于英格兰赫特福德郡阿什维尔

第 1 章
阁楼发现

1　故事从自由绿色庄园"走起"

　　设想一下,此时此刻我的手指不是在敲击键盘,也不是手握笔杆在一摞稿纸上奋笔疾书,而是像凤凰卫视中文台或者 BBC 某个电视台的大牌摄影记者那样,手持一架索尼牌外拍专用摄像机,然后将镜头一下子从中国摇向遥远的地球另一端——英国,聚焦到世界工业革命摇篮曼彻斯特市附近一个小小的绿点之上,当然是从空中俯瞰,或者是在地图上查看。当镜头不断放大,不断放大,不断放大,并且持续跟拍,那么,我们会看到什么?

　　就让冥想的翅膀像鲲鹏一样展开它巨大的双翼,扶摇直上吧,然后从古老中国的腹地武汉一下子腾空飞跃 9000 公里,盘旋并栖息于大不列颠及北爱尔兰联合王国之英格兰柴郡纳茨福德皮弗一个叫"自由绿色庄园"的地方。

　　我的故事就从这里"走起"!

　　随着镜头的不断放大,放大,再放大……哈,你会发现,这个从万米高空看下去只是一个小绿点,而若从大不列颠版图看上去甚至连个小点点都难得寻觅的地方,原来真是一处芳草茵茵、绿树成荫、沃土千顷、牛羊成群同时点缀着一栋栋新老房子的广袤的农场,或谓之农庄、庄园什么的。总之是一个有着那么一副典型英国模样的地方,阳光灿烂,幽深奥妙,古色古香,风情妖娆,每每会让人,尤其是让那些初来乍到、来去匆匆的行旅之人——比如我,产生无限的遐想。它的名字嘛,如前所述,就叫做"自由绿色庄园"。

2　从路虎揽胜里跃出的英国绅士

镜头切换,时间倒回到2014年9月的某一天,至于具体的时日嘛,现在已经记不清了。不过这其实并不要紧,只要下面这个围绕西蒙展开的中英历史与现实故事能够在我的笔下或镜头前——"呈清",所传之人物、所述之事迹皆真实可信、有迹可循,形散而神不散,则我想本人之写作也算不失严谨。

话说这一天的傍晚时分,一辆深蓝色的路虎揽胜缓缓驶进了自由绿色庄园,停在一幢混杂着砖红色、咖啡色等多种颜色的老宅的北侧。柴郡位于英格兰的西北部,按照当地的习惯,房子的北侧一般都作庭院或停车之用,所以这里其实也就是这幢老宅的停车场。事实上,在路虎揽胜匆匆停稳之前,那里已经停了一辆沃尔沃了,而旁边正有一间简易的车棚,里面也停放了一辆轿车,两辆车应该都是主人家的。

其实在缓缓驶进自由绿色庄园之前,这辆老款的路虎揽胜越野车已经高速奔驰了差不多3个小时了,从剑桥附近一个叫阿什维尔①的小地方向西北方向一路狂奔了254公里来到这里,可谓风尘仆仆啊。不过从它那虽然老旧但依然意气风发虎头虎脑的精神头儿来看,你似乎看不出这个叫"路虎揽胜"的英国家伙刚刚一口气跑了将近300公里,倒像是从一间洗车房里刚刚沐浴出来的一样,只是车上没有水枪喷洒的新鲜痕迹或水滴而已。

但见车方停稳,一个充满绅士风度的英国男人就从车里鱼跃而出,也来不及锁门,当然也许是用不着锁门啰,便一头钻进老宅北侧的一扇小门,径直朝楼上奔去。

这个有着绅士风度的英国男人不是别人,正是本书故事的主人公西蒙·霍沃思先生,其正式的英文全名是Simon Nicholas Haworth,翻译成中文就是西蒙·尼古拉斯·霍沃思,这幢老宅的主人的儿子。不过我们还是就叫他"西蒙"吧,因为这样简单,加上"西蒙"这种典型的英国名字咱们中国人也好记好认。而之所以说他具有"绅士风度",一则是因为人们在提及一个英国男人时往往就喜欢用"绅士风度"这个词儿,好像每一个英国男人都是绅士似的;但实际上并不是每一个英国男人天生就是一位绅士,粗鄙无礼的英国男人还是大把存在的。二则是西蒙这个人几乎无论何时何地面对何人,总是衣冠楚楚,鞋帽整洁,言行举止皆从容优雅、彬彬有礼,始终保持着一副英国男人特有的那种"绅士风度",这一点尤其让所有与他打过交道的中国人印象殊深。

3　英国是一个"有秘密的国家"

除了伦敦、曼彻斯特这些大城市之外,24.3米以上的高层建筑在英国并不多见,当然教堂除外。像皮弗这样的僻静乡野,三四层楼的房子,如果加上阁楼或者屋顶也就是十四五米左右的高度,就绝对算是当地的小高层了,通常的建筑也就是两层的样子,有的还是一层的平房。当然还是教堂除外,比如我第一次和第二次去英国时,西蒙和父母请我们吃饭的那个地方,也就是离自由绿色庄园几分钟车程的一个叫"皮弗钟声"(the Bells of Peover)的餐馆旁边,就耸立着一座据说有七八百年历史的小教堂——圣奥斯瓦尔德教堂(St. Oswald's Church)。这座有点像是灯塔造型的教堂足足有五六层楼高,在当地很是壮观。如果登上它的顶层——当然由于我没有进到它的内部,所以不知道它有没有通常意义上的所谓"顶层",也不知道能不能登上它的顶层,或者说按照当地的宗教与社会习俗允不允许登上它的顶层——我想整个皮弗,甚至更大范围的一些地方,都会一览无余、尽收眼底。

不过以我四次造访英国的感受,我发现英国似乎并不是一个乐意为游客观赏风景提供全部便利的国家,甚至还是一个有意无意设置种种"障碍"的国家,因此"一览无余""尽收眼底"这两个词儿在英国各地的旅行中其实是很难真正实现的。为什么这么说呢？比如当我从英国之一地乘坐地面交通工具——汽车或者火车——前往英国之另一地时，一路上道路的两边（有时候是一边，因为另一边是山岩），都是如梦如幻的风景：那些滚向潮湿天空的广阔整齐的草地；那些融入远处猎苑的宛如巨浪的草坪；那些一望无际的田野或者牧场；那些一直铺陈到天的尽头与地平线交汇的蓝天或者白云；那些造型别致几乎没有重样的乡间别墅；那些古色古香的庄园和城堡……往往让人目不暇接，欲罢而不能。然而令我扫兴的是，一路上这么好看的英国风光片，却很难完整地连续地不受打扰地尽情观赏，而是在观看的这个过程中，不断地被两边的行道树或者其他的什么障碍物一次又一次地打断，因此映入眼帘的总是忽断忽续的片段，就像是一部总在断片的电影一样，看起来很不过瘾。而如果你想拍摄的话呢，那就更要抓紧了，必须时时刻刻盯住路的两边或者一边，然后瞅准没有行道树或者障碍物的空隙，或者说是在两段行道树或两截障碍物之间如白驹之过隙的那一瞬间，抢拍！用"稍纵即逝"这个词来形容眼前的这一帧帧风景，实在是再恰切不过的了。这时候最好的办法就是连拍啰，当然是在你的摄像设备有连拍功能的前提下，或者是直接用摄像机拍。可摄像机拍摄的也往往是明一块花一块的，明的自然是风景，花的则是那些行道树或障碍物。手机，无论是多大的像素，此时此刻都望尘莫及。这真的让人十分紧张和扫兴，尤其是对我这个喜欢拍摄的人来说！我完全不明白英国的许多道路为什么设计成这种狭窄、封闭的样子，完全不考虑游人的观赏和拍摄需求。当地人自然见多不怪了，再好的风景之于他们也就是平淡无奇的速写一张，但对于我这个花上几万块、不远万里跑到英国的游人来讲，可就是莫大的损失和遗憾了。我从英国的一地长途奔波跑到另一地，除了目的地吸引我之外，很重要的一点就是想顺便也欣赏一下沿途的风景，可沿路被行道树和障碍物这么一搞，原本惬意的欣赏就变得很辛苦也很不尽兴。

对此我想了很久，但不得其解，后来总算找到了一个自以为是的解释：原来，英国是一个"有秘密的国家"，那些看起来光鲜的风景背后其实都隐藏了许多的秘密，而英国人又不想让你一眼就发现甚至看穿他们的这些秘密，因此那些高大密集的行道树，那些无处不有的森林和植被，以及那些各种各样大大小小的障碍物，刚好就起到了遮蔽隐藏这些秘密的功能。一句话，英国人压根儿就不想让你一览无余，压根儿就不想让你一眼就看穿自己的风景。如果你不花上大量的时间，如果你不往往返返几多回，如果你不请福尔摩斯或者哈利·波特帮忙"解密"或者做"向导"，如果你不深入英国的乡村田园，不深入它的院落房屋，不深入这些院落中的沟沟坎坎、旮旮旯旯和这些房屋里的箱箱柜柜、坛坛罐罐，你就别想发现这些秘密，更谈不上拥有这些秘密了。而你大老远地跑来，又没有看见这些秘密，那就几乎是相当于白来，至多只

圣奥斯瓦尔德教堂足足有五六层楼高,如果登上它的顶层,我想整个皮弗,甚至更大范围的一些地方,都会一览无余、尽收眼底。 余坦坦/摄

是蜻蜓点水、走马观花，一溜一晃、不求甚解而已，不得英伦之要领。如此而已。不过话得说回来，我的这一番解释，也可能纯属我个人的一厢谬论，甚至干脆就是我强加在英国佬身上的不实之词，实际的情况并非如此。或者有着完全不同的解释和原因，或者干脆没有原因，或者世界上其他国家与地区包括咱们中国也是如此，远没有我说的那么离奇与不合常理……哈哈，但愿如此！好在本书故事的主人公，也就是我的朋友西蒙，与他的国家似乎有所不同。他不仅乐意为我，也乐意为所有他所认识或接触、接待过的中国友人观赏自由绿色庄园乃至英国之风景提供力所能及的最大便利，甚至也不为我探求其家族、家庭乃至个人秘密设置任何障碍。我遂得以对自由绿色庄园，进而对其家族、家庭乃至个人之林林总总一览无余、尽收眼底。英国旅行中我认为很难实现的那两个词儿——"一览无余"和"尽收眼底"，在西蒙这儿倒是都圆满地实现了。

4　西蒙给了我一把深入英国的"钥匙"

19世纪的伟大作家亨利·詹姆斯在其游记《英伦印象》一书中曾经这样写道："来到英格兰的外邦人常有这样的看法，这个国家的美丽和趣味就是私有财产，要深入进去总需要一把钥匙。"[②]自从认识了西蒙之后，可以说，我就幸运地拥有了这样一把钥匙。对于我这个外邦人来讲，西蒙就是这样一把钥匙。他不仅为我打开英国之门,也为我打开通往自由绿色庄园之门,更为我打开走进其家族历史渊源深处之大门和家庭生活乃至个人隐私之小门,使我这个来自中国的外邦人,得以顺畅地一览无余地瞭望、观赏甚至窥探那些隐藏在下皮弗和阿什维尔之乡村田园、院落房屋里鲜为人知的秘密,几乎是零距离地接触到了亨利·詹姆斯所说的那些只专属于英格兰人的"私有财产"。甚至还可以进一步这么说吧,假若没有西蒙这一把钥匙,我的英国之行就无从"走起"。即使可以"走起",也似乎无从"去起",因为除了大本钟、白金汉宫、温莎城堡、牛津剑桥这些常规的旅游景点之外,就没有一个独辟的历史路径或者是某个人文方面的具体落点供我徜徉,因此所谓的英国之行很可能就是一场走马观花、蜻蜓点水式的旅游而已,个人的自由行兴许还能有所收获,跟团式的"大呼隆"就只能复制"上车睡觉、下车撒尿""中国式旅游"的老套了。而诚如读者诸君所知,就行走的意义和品质而言,是"旅行"还是"旅游",成为一位"旅行者"还是仅仅做一位"旅游者",是大有讲究亦大为不同的,应该说完全不在一个档次。

其实在认识西蒙之前,由于自小喜好英语这种名副其实的"世界语",一直想去其发源地一探究竟以亲身感受英伦文化之风采,加之有女儿在英国留学这一层因素,因此我也将英国列入了出游计划。不过尽管英国是一个与众不同的国家,但在我拟议的英国之行中,除了常规的旅游之外,并没有其他方面的奢求。是西蒙使我的英国之行发生了根本变化,从一次计划中的普通旅游升华为一场Discovery探索频道式的探幽索微，一场真正的历史与人文探求之旅，我也因此成为了行走在英伦三岛之上的一个真正意义上的旅行者，甚至是一个历史、文化的发掘者与探索者。同样的，如果没有西蒙这一把"钥匙"，我的这个故事亦无从"走起"。因此这个中英交往的好听故事，以及故事中许许多多的"美丽"和"趣味"，或将继续长久地尘封于历史的箱底而不为人知。大而话之，这对于中英友好交往的历史而言，小而话之，对于中英两国的读者而言，亦对于西蒙及其家族和他那些包括我在内的中国朋友们而言，岂不是一个莫大的损失？

5　菲利普·霍沃思爵士的电邮

如前所述，在皮弗，三四层楼的房子绝对就算是一座小高层了。而刚才西蒙一头钻进去的那幢老宅，刚好就是一幢三层楼房，如果加上它的双坡式斜屋顶，那就足足有四层楼高。若是再加上它的几根烟囱，那就差不多有五层楼了。这在皮弗，绝对称得上是一幢"高楼大厦"了。

这幢耸立在曾经是一望无际的自由绿色庄园中的老房子，对于西蒙来讲，实在是太熟悉了！因为这就是他父母的家，当然也曾经是他的家啰。他生于斯，长于斯，学于斯，劳于斯，有多少悲欢离合、安危冷暖、喜怒哀乐、酸甜苦辣亦咸集于斯，直到成人以后的很多年才离家远走。因此，对于这幢房子里的一砖一石,对于这幢房子外的一草一木,他都是了如指掌啊,闭着眼睛就能够向每一位来访者如数家珍般地一一道来。

然而这种自信在2014年9月6日却突然打了个折,那种如数家珍般的熟悉也倏忽间掺杂了不少神秘和陌生。而一切,都起因于下面的一封电子邮件,写来邮件的是他的父亲菲利普·霍沃思爵士。邮件是这样写的:

西蒙:

与中国的联系比你提到的还要早一代。哈瑞·加德姆(奶奶的父亲)在上海呆了两年半,时间是1887年4月至1889年8月。他在那里的生活过得很圆满,不过最让他着迷的还是马球。

回来以后,他决定立即成立一家马球俱乐部。1891年2月,眼瞅着俱乐部筹建开张了。4月10日,8个小伙儿骑着雏马打了第一场比赛。他在上海就知道自己需要一个足够大的场地,两个球门柱之间的间距得有200码。

你有安东尼所写《重访》③加德姆部分的拷贝吗?这些拷贝来自第123至126页。

爸爸④

而老人之所以要给儿子写这封邮件,是因为两天前,也就是2014年9月4日这一天,他收到了儿子西蒙写来的一封电子邮件。邮件内容如下：

嗨！爸爸：

又去了一次中国，昨天才回来。我在武汉时被一个记者问到：我为什么要到武汉来？他想就此写点什么。我想你可能对今早我发给他的那一系列笔记感兴趣。我们只好等一等，看看他会发表些什么。

同时……你可否将《迄今为止》⑤中有关中国的一些页码尽量扫描出来，并请用电子邮件发给我？奶奶的日记和我将很快拿到的他们旅行时拍摄的影像胶片，让一些中国人感到兴奋。

爱你！

西蒙⑥

在接到父亲的这封电邮之前，西蒙也知道他们家族与中国有着很深的渊源，与中国的交往历经从祖父祖母到他和儿子乔治在内的上下三四代人，时间跨度将近100年。但父亲电邮中提到的哈瑞，也就是他奶奶的父亲——他的曾外祖父一辈，1887年到1889年居然在上海呆了两年半的时间，他还是第一次听说。照这么推算上去，那他们家族与中国的交往就不只是三四代人了，而是绵延到了五六代人！若由2014年上溯到1887年，岂不有127年之遥？历经中国近现代史上几乎所有的时代和时期：晚清、民国和中华人民共和国；洋务运动、"文化大革命"、改革开放,等等。如此大的历史跨度,如此漫长的商旅往来,如此悠久的人文交流,如此代代相传绵绵不绝的友谊与情结,之于一个在中英交往历史上名不见经传的英国人家,亦之于中英两国的人民,岂不是一个传奇?这么一想,神秘与陌生的同时,西蒙也突然兴奋了起来,心中的热血,确切地说,是心中对这幢古宅所生发出来的那些中英故事、由这些故事萌生的好奇与热情,也因为这一新的发现或谓燃点而重新沸腾燃烧了起来。

作为一个在世界各地打拼的英国创业家,一个致力于中英交好、续写两国民间友谊史的人,此时他太想了解并加深自己与中国的这种渊源与关系了。而这种渊源与关系的某一些重要的佐证,据他父亲说,此时说不定就隐藏在,不,是静候在他曾经生长生活曾经十分熟稔而此刻又变得有些陌生的那个所在。他即刻就有了一种冲动,觉得自己必须立即搞清楚这一切,甚至拿到这一切。于是他决定立即启程前往父亲的自由绿色庄园,亲证父亲在邮件中所提到的史与事,否则以他风风火火的性格将会食无味寝不安的。于是他出发了,从远离自由绿色庄园254公里的阿什维尔,踏上了寻找并衔接一段珍贵历史的探索之旅。

6　旅行皮箱的期待

从阿什维尔出发后,一路上,除了偶尔瞟瞟纷纷倒退的行道树和熟悉得不能再熟悉的风景之外,西蒙的记忆也开始逐格"倒带":他记起祖父祖母曾经在他两三岁的时候到中国旅行过,并且写下很多日记,甚至还拍过一些影像,自己小时候似乎还看过,但印象和那些影像一样已经相当地模糊了;他记起小时候家里人谈论最多的话题就是中国、中国人、中国的历史和文化;他记起自己小时候有一个绰号叫"中国人",至今家里的人也还喜欢这么称呼他;他还记起,还记起,还记起……哈哈,记忆的魔盒一旦打开,你想关都关不住。而所有他能记起的一切,哎,似乎又与一个"盒子"有关。对了,是与一个"盒子"有关。当然,那不是什么童话中的魔盒了,而是一个真的盒子。不,确切地说,应该是一个箱子,是一个旅行皮箱,也就是他祖父祖母留下来的那个旅行皮箱。当年它曾经跟随两位老人去过许多地方,当然也去过中国,装回了许多有关中国这个东方神秘古国的秘密,也装满了这个家族与中国交往的许多秘密。此时此刻,它,应该就静静地躺在那幢老房子的什么地方。对了,就隐遁在那幢老房子顶层的那个阁楼里。西蒙小的时候经常躲进那个阁楼里去捉迷藏,还碰触过甚至翻开过那个皮箱子,但后来怎么就把它给遗忘了。现在,他要马上找到它并打开它,一刻也不容迟缓!仿佛只要稍一迟缓,它就会插上翅膀飞跑了似的。

其实此时此刻,那个皮箱的心情也很急切。和急于想找到它并打开它的西蒙一样,长久以来,冥冥之中,皮箱也在期待着早日被什么人发现并且被他打开,好让自己腹中的那些珍藏能够早日重见天日,而不甘心它们成为风蚀虫蛀的故纸堆。倘若它们再不及时被发现并打开,则可能真的就成了风蚀虫蛀的故纸堆了,并且随着光阴的逝去而最终沉入时间的深海,了无人知。这对于保存并遗留那些东西的人而言,甚而对于整个家族而言,无疑也将是一个莫大的损失。而究竟是谁才最应该也最适合来打开这个箱子呢?或者说,皮箱所期待的那个发现并打开自己的人又会是谁呢?当然,是西蒙啰。至于为什么是西蒙而不是别的什么人,看了我后面的章节和故事,读者诸君也就自然而然地知道啦。

7　赴先人与历史之约

一、二、三、四、五、六、七、八……二十七、二十八、二十九、三十、三十一、三十二、三十三、三十四!西蒙在这幢老宅里住了那么多年,每天上楼、下楼、下楼、上楼,次数累计起来至少数以十万计,但却从不记得一楼到阁楼之间楼梯的台阶有多少级,尽管实际上只有屈指可数的三十四级。然而皮箱记得。所以当听到西蒙熟悉的脚步踏上楼梯,并且一级一级、一步一步地向上走近,尤其是当楼梯在西蒙的脚底下响了最后第三十四下之后,皮箱就知道:西蒙此次是冲它而来!

如前所述,西蒙既是一位言行举止皆妥帖优雅的英国绅士,同时也是一个行事风风火火雷厉风行之人,因此平时走路或者上下楼梯常常都是三步并作两步的,对此,皮箱习以为常。然而今天的西蒙却是一步一个台阶,显得步履沉着、稳健、庄重,仿佛是要赴一个重要的约会,有一种仪式感,尽管进门的时候有些步履匆匆。为什么会是这样呢?这里我不妨展开大胆的冥想:其实此时此刻,西蒙和皮箱之间,正产生着某种类似于心灵感应的物理和化学反应,也就是我们通常所说的"心有灵犀一点通"。诚如读者诸君所知,通常情况下,只有在某些人之间,有时候也在某些人与某些动物之间,才会产生这样的感应。那么,人与物之间,有生命的人与无生命的物之间,会不会也产生这种感应呢?对此,我一时无法找到相应的科学根据,因此暂时也无法作出"是"或"否"的判断。但我相信,此时此刻,西蒙和皮箱之间,西蒙和皮箱里面的那些遗存之间,会有某种特殊的感应或者是某种特殊的感觉存在。这种感应或者感觉,之于前者,是历史的召唤;之于后者,是现实的企盼。而因了被历史的厚土所掩埋的缘故,很长时间以来它都微若游丝;又由于来自历史的天空,传至今日它仍音域宏远。它既为旁人所不察,亦为文字所难传,它就像冥冥之中的某一种暗物质一样存在于两者之间,剪不断,游不绝。而维系这种感应或者感觉的,其实就是西蒙其家族一脉相承的基因和血缘。

  姑且就允许我用文学创作中的拟人化手法来写这一段文字吧,假定西蒙与皮箱之间,与皮箱里面的遗存之间,特别是与遗存这些遗存的先人们之间,冥冥之中,就真有某种鬼使神差般的感应或者感觉吧!嗨,你可别说,这样不可解释的神秘事件,历史和现实生活中还真的就发生过呢。那么,此时此刻,在皮箱看来,西蒙此次远道而来,就是在赴一个重要的约会:与一段历史约会,与一个缘分约会,与一群先人约会,与一段友谊约会,与它也就是与西蒙祖父祖母留下来的旅行皮箱约会,与皮箱里的历史和秘密约会,因而有一种崇高的仪式感。这是"历史的脚步",正从2014年9月6日的这个当下走向50多年前甚至100多年前的那些历史深处,因此蕴含着沉着、稳健与庄重。哈哈,当然,你也可以看作这是由于西蒙长途奔波之疲惫所致,然而皮箱可不这么看,当然我也不这么看。

8 西蒙和皮箱仿佛恋人脉脉含情看着对方

门,阁楼的门,自由绿色庄园这幢老宅顶上那扇灰色的阁楼的门,"吱"地一声被打开了,被远道而来的西蒙给打开了。随门而起的一股气流瞬时将蒙在阁楼四下里的灰尘轻轻扇起,并弥漫到西蒙的眼前和鼻孔里,同时那种因为房屋长久锁闭才会产生的呛人的尘土味道也扑面而来,令西蒙止不住隆了隆鼻子皱了皱眉。他下意识地扬起了手,在面前使劲儿地扇了几扇,又扇了几扇。之后他有那么一二十秒钟的停顿,然后就借助门口一盏落地式台灯的微曛的光照,郑重地开启他一个历史探索者的目光,开始在阁楼那狭小的空间里来回逡巡。

真是好久都没有进到这个阁楼里来了,此时蓦然而入,除了神秘感与陌生感之外,还有一种久违的沧桑感,那记忆犹新的童趣,那久已故去的往事,那刻在墙上的皱纹,那依稀可闻的回声,似乎都在提醒他时间过去了这么久。不过西蒙此时似乎也想不了那么多,而是专心借助门口的灯光,让目光在阁楼里郑重地四下巡视。很快,他就将目光停留在了几只装满杂物的黑色聚乙烯购物袋上,因为凭着第六感,或者说凭着刚才所说的那种鬼使神差般的感应或者感觉,西蒙隐隐地判断:自己急于找到的那只皮箱就隐遁在那些购物袋的下面。其实此时,那只皮箱也从几只购物袋堆压的一个小缝隙里露出了自己的一个小角角,仿佛是睁开了一只期盼的眼睛,正眼巴巴地看着我们的西蒙呢。对此西蒙似乎也察觉了,并且很快就透过那几只购物袋挤压的那个小小的缝隙看到它了。久违的他们两个,于是,就这样重逢了。

"嗨,你好!"西蒙在心里和皮箱打了个招呼,有些再次相见颇觉恨晚的味道。并且有那么短短的几秒钟时间,西蒙和它互相凝视着,仿佛是一对久别不见的恋人脉脉含情地看着对方。

"嗨,爷爷奶奶,你们也好!"西蒙继而在心里和他的爷爷奶奶也打了个招呼。

"久违了!不过我还是来看你们来了。好久没来看你们了,挺想你们的!"西蒙的心声因为感慨和激动而变得有些颤抖,脑子里一瞬间也浮现出爷爷奶奶在世时与他嬉戏玩乐的画面和场景,尽管这里并不是他们的墓地,面前有的仅仅是他们的一些遗物而已。

9 这是一只古铜色皮箱

简单地寒暄了几句之后,稍事停顿,西蒙即移步上前,旋又躬下身体伸出双手,小心翼翼地将堆放在皮箱上的那几只购物袋一一移到旁边,就像是刨开掩埋在一件古老文物身上的厚厚的泥土。而那只古铜色的旅行皮箱霎时也像是一件新出土的文物一样,带着一股子经年累月深藏地下才有的古旧韵味,有棱有角地展现在了西蒙的面前。

如前所述,这是一只古铜色的皮箱,不过由于年代久远的缘故,其原色已消失殆尽,由纯正的古铜色褪为接近尘埃的土黄色,加之边角磨损的缘故,因此乍一看有点洗尽铅华现本色的味道,别有一番滋味在"箱"头。它的块头呢也还有点大,如果装满东西的话呢,一个臂力不够强大的人估计还拿它不起。并且一望而知它还是一件英国贵族的上等品,浑身上下用上好的牛皮精制而成,不过它是否出自漫游家①之手,西蒙一时倒也无暇顾及,因此也不得而知。其实西蒙现在属意的并不是这个皮箱本身,而是箱子里面是否还有父亲所说的那些个遗存,这是他目前最关心也最迫切想知道的,睹物思人现在还顾不得,那应该是悬念打开以后的事情。如果有,他会大喜过望,因为他与中国的关系,他们家族与中国的关系,将会因此被定位到一个新的历史纬度。而如果没有呢,嗯,如果没有,当然,他也不会大失所望。他会继续回到既有的轨道上去,做他自己这些年来一直在做并且已经做得不错的那些事情,比如来华创业、投融资呀,以亲情、友情、交情为纽带力所能及地开展中英民间的友好互动交流呀,等等,借以推动自己在中国事业的发展,也借以推动自己家族与中国传统友好关系的更深入发展,并为未来家族成员与中国的世代结好打下良好基础,一如他的前辈们所做的那样,所谓承前启后、继往开来啊。不过说句私房话,他还是希望"有"。

西蒙找来一块抹布,轻轻拂去皮箱上的灰尘,如同在擦拭一件出土的文物,然后试图将皮箱整个地搬起来,搬到楼下的书房或客厅里,因为那里有足够的空间可供他打开箱子,将里面的东西摊开来慢慢翻找。然而他没能成功。皮箱似乎很沉重,因此他没能轻易地将它搬起来,当然他也不想因此而折了腰。"这就说明里面一定是存放了许多的东西呢。嘿嘿,说不定自己期望的那些遗存果真还寄存在里面哩。"西蒙心里顿时有了些小兴奋。于是他抓住皮箱的提手,用力将箱子从一大堆杂物的包围中拖拽了出来,又进一步拖到较为空阔的阁楼的门口,这里有灯光照耀,光线也比较好。"先不急着搬下去吧,先在这里打开看看,看看里面都有些什么宝贝儿。"历史近在咫尺,遗存仿佛在握,西蒙禁不住在心底里欣喜地默声道,同时因为一桩谜底即将揭开,心跳多少也有些加速。

10　西蒙发现了"新中国"

箱子并没有上锁,所以西蒙很轻易地就将它给打开了。哈,眼前的情景让他眼睛一亮!

只见偌大的皮箱里,横的竖的、正的侧的、长的短的、大的小的、厚的薄的、白的黑的……哈,满满当当塞满了各种图片、相册、相框、本子、纸的或布的袋子等物什,几个纸的和布的袋子里面似乎装的也都是图片和资料,一看便知都是爷爷奶奶甚或年代更为久远的祖辈们的遗存。西蒙随手抽出一个本子,翻开一看,哈,竟然是他的奶奶多萝西·霍沃思1967年游历中国时写的一本日记。信手翻开其中的一页,清晰流畅的文字之外,竟然看见上面还贴着一张五线谱。西蒙不知道这是一首什么曲子的五线谱,但看见最上面一行用大写字母写着"TUNG FANG HUNG"这样几个神秘的字母组合,下面则有三行半五线谱,每行五线谱下面也对应标有一排神秘的字母组合。应该是歌词吧,结合这个本子是奶奶游历中国时写的日记,据此他判断,这应该是一首中国歌曲的五线谱,而页眉上写着的一行英文"Songs we sang in the bus"(我们在巴士上唱的歌)也证明了这一点。那么最上面一行"TUNG FANG HUNG"这几个字母组合估计就是歌曲的名字啰,因为它们刚好居于标题通常所在的上方位置,同时因为按照英文的习惯,文章的标题或者书籍、乐曲的名字其每一个字母通常都是大写的，这样反过来推，大写的通常就应该是文章的标题或者书籍、乐曲的名字啰，尽管每行五线谱下面对应的一排神秘字母组合也都一律采用了大写。"TUNG FANG HUNG"是什么意思，西蒙不知道，连发音都很难，显然不是英文，而是中文的谐音，但下面一个小括号里写着的一句十分简单的话"EAST IS RED"，他分析应该是对上面那个名字也就是"TUNG FANG HUNG"这几个字母组合的翻译。这句话的意思从字面上讲他还是知道的，那就是"东方红"。《东方红》？这是这首歌曲的名字吗？估计是的吧。如果是的话，那么这首中国歌曲他应该有所耳闻，西蒙头脑中储存的有关中国的知识和信息于是飞快地一一闪现，其中就有不少是关于《东方红》这首歌曲的，比如毛泽东、"文化大革命"什么的。再看歌词的内容，起首的几个字母组合与最上面疑似歌曲名字的字母组合完全相同，都是"TUNG FANG HUNG"，也就是"东方红"的意思。后面的字母组合就各各有异了，令他这个习惯拉丁字母的人读起来甚是艰难，所发之声音听起来更是稀奇古怪，有点像天外什么鸟儿的啼叫声，完全不知所云，纵使抓耳挠腮亦不得其解。西蒙此时此境面对汉语言文字而产生的这种窘迫感与窘态，让我想起2016年10月份第二次去自由绿色庄园拜望其父母时，其父亲菲利普·霍沃思爵士谈起中国语言时的那些困惑。他说，自己虽然不懂法语、德语，但听得久了，也会慢慢懂得，但中文他怎么听也还是听不懂，阅读起来更是形如天书。其实对于印欧语系的人来讲，

西蒙将皮箱搬到房间,将那些珍藏之物进行逐个梳理,从而知道了家族更多的中国故事。 肖娟/摄

这种语言上的障碍和鸿沟甚至比文化上的更大,更难以逾越。不啻是像西蒙父亲那样的耄耋之人,就是像西蒙这样头脑灵光、口齿伶俐的中年人,甚至像西蒙长子乔治那样伴随互联网长大的青年人,面对汉语这座宏大、幽远、富丽、神奇、晦涩、艰深的峥嵘大山,往往也只能望而生畏,举步维艰,有点"蜀道难,难于上青天"的味道。好在五线谱下端有一段手写的英文,应该是他奶奶的手笔吧,帮助西蒙得以知晓歌词其文。那段英文是这样写的:

EAST IS RED

East is red, in china appears Mao Tse Tung.

He works for the people's welfare.

(Hu erh hai yo)

He is the people's great saviour.[⑧]

西蒙觉得,这应该就是这首中国歌曲的英文翻译了,于是仔细读了一遍,刚才因为不懂中文而笼罩的一头雾水遂亦涣然消散。西蒙懂得音乐,钢琴弹得不错,因此五线谱的曲调他都哼得出来。嘿,那这首歌曲还真有点意思哩,尽管不能完全甚至完全不能领会其中的意蕴,但它所表现出来的东方神韵还是引起了西蒙格外的兴趣与好奇之心。这是西蒙第一次如此认真如此仔细如此正式如此完整地阅读、研究一份来自古老中国神秘年代的第一手史料和遗存,就仿佛一位考古学家在捧读古代中东帕加马人的羊皮书。这种阅读和研究虽然一时难有收获,但对于他认知中国、理解中国,对于他认知中国文化、理解中国文化,进而认知理解中国人,无疑都将具有推波助澜、引人入胜之功效,他对中国的认知或将由此登上一个新的台阶。不过西蒙此时并没有意识到这一点,而是专注于甚至有点沉醉于他的这些新发现,就像当年哥伦布发现了美洲新大陆,西蒙也发现了他们家族与中国长久交往的这块新大陆。其实西蒙现在发现的只是一个小小的跳板而已,一个由他的祖辈人搭建起来的通向中国的跳板,或者是一艘小船,一艘由他的祖辈人扬帆远航驶往中国的小船,但凭借它,西蒙却可以一跃跳上那个遥远的神州大地,或者乘风破浪驶往他心向往之的伟大中国。那里,才是他的新大陆。

西蒙继续翻看这本日记的其他部分,发现它基本上就是一条展现上个世纪60年代红色中国社会风貌图文并茂的长廊,其中既呈现了丰富生动的文字记录和描述,也展示了熊猫图案的邮票、解放军战士的海报,印有万里长城、北京颐和园石舫、霞光映射下的天安门广场、毛泽东主席等风光和人物的图片,等等,不一而足。而沿着这条长廊,西蒙仿佛走进了一条异度空间里的历史隧道,感受并触摸到另一个国家、另一个时代、另一个族群的律动与脉搏。"嘿,真是太神奇了!"他禁不住赞叹道。

11 西蒙感觉有好几双眼睛在历史深处看着他

当然西蒙的重点此时此刻暂时还不在这里。"与中国的联系比你提到的还要早一代。哈瑞·加德姆（奶奶的父亲）在上海呆了两年半，时间是1887年4月至1889年8月。"父亲在邮件里提到的奶奶的父亲在上海呆了两年半、时间是1887年4月至1889年8月这件事，才是他此时此刻迫切想知道并急于求证的，当然也是他武汉的朋友们，包括记者朋友们，希望给以证实的。从某种程度上而言，西蒙此次自由绿色庄园之行，既是背负祖辈的遗志重现家族与中国传统友好之篇章，也是受中国朋友们的委托，尤其是受武汉几位记者的委托，打捞一段历史记忆，因此他必须从皮箱里找到相应的佐证，或者通过皮箱所藏之遗存的指引，去其他什么地方找到相应的佐证，否则将汗颜以对祖辈眷眷的心和中国朋友殷殷企盼之意。不过对于能否找到这些佐证，西蒙当时并不一定有十足的把握，甚至完全没有把握。然而对于这些佐证的真实存在，他却充满着信心。因为亦如前文所述，冥冥之中，西蒙就隐约感觉，有一双眼睛，不，是有好几双眼睛，爷爷的眼睛、奶奶的眼睛、外曾祖父的眼睛……正从一个历史的深处，静静地看着他，静静地期待着他呢，就像爷爷奶奶的这个旅行皮箱曾经期待过他一样。因此他现在的任务乃至使命，就是要走过时间的隧道，穿越历史的迷障，像接力赛中接住上一名队员递过来的接力棒一样，"接住"先辈们注视和期待的目光，把先辈与中国友好交往的历史记录找出来，将一段被遗忘在中英友好交往历史角落里的民间佳话讲述给两国的政府和人民听，继而着笔续写他们家族与中国友好交往的这本"日记",使这本绵延了百年之久的"日记"不断篇,不散逸,续有华章,直至他的下一棒队员,也就是他的儿子乔治或者其他什么人前来接棒,并续写出新的更加美好的篇章。这是西蒙的最大夙愿!

12 佐证找到了!

佐证,奶奶的父亲也就是哈瑞·加德姆在上海呆了两年半的佐证,终于被西蒙找到了!在那只古铜色皮箱的顶里面,西蒙找到了一本名叫 *Henry Theodore Gaddum: His Forebears and His Family*(《亨利·西奥多·加德姆:他的祖先和他的家族》[①])的墨绿色封皮的书籍。这本书正是哈瑞·加德姆修订并续写的一部家族回忆录。循着目录,西蒙很快就在书中的第 121 页和第 122 页找到了有关哈瑞·加德姆在上海工作和生活两年半的记录与描述。尤其是在第 93 页,他还意外看到了外高祖父亨利·多萝西·加德姆 1875 年 1 月 1 日在曼彻斯特创建 H.T.加德姆公司(H.T.Gaddum & Co.),专门与中国做丝绸贸易的记录。家族与中国交往的历史一下子被推到了 1875 年,比哈瑞·加德姆在上海呆的年份还要早 12 年,至今已经将近 140 年!天哪,这个意外发现之于西蒙,之于他们家族,简直不亚于在地球上发现了火星人啊!西蒙高兴得几乎都跳了起来,一时竟喜出望外,无以言表。

西蒙接下来的一系列行动和举措的细节,这里,暂时就不一一详述了。比如：他如何将皮箱搬到房间，将那些珍藏之物进行逐个梳理，从而知道了家族更多的中国故事、看到了更多的历史场景，包括前面提到的家族传记和回忆录作品《重访》《迄今为止》等；他如何与父母兄弟一起翻找，回忆，分析，讨论，研究，求证，尽可能多地还原自由绿色庄园那些曾经有过的历史场景，最大限度地再现家族先辈们那些曾经真实鲜活的形象与动态；他如何将皮箱里的遗存一一整理，归纳，建档，列表，存入U盘，转入电脑，直至打印出来，示之以人，或作他人日后研究、写作之备份；他如何在这些遗存中大海捞针般地寻找那些历史的蛛丝马迹，像福尔摩斯探案一样寻找破解家族历史之谜的一个个线索；他如何循着皮箱的"指引"，确切地说，是循着皮箱中那些遗存的"指引"，当然也循着父母的指引，到剑桥大学图书馆等场所查找到了奶奶的父亲哈瑞·加德姆当年与中国之间商贸信函的原件，甚至查找到奶奶的爷爷、自己要尊之为外高祖父的亨利·加德姆当年与中国之间商贸信函的原件，及至查找到奶奶的侄子安东尼·加德姆接手家族的中国生意、恢复从中国进口丝线和蚕茧废料的相关史料，从而将家族与中国交往的历史最终定格为六代人、140年……当然其中某些行动和举措的细节，我还会在后面的章节里加以叙述，但此为后话，于兹不赘。

13　家族隐没140年的中国故事被发掘出来

现在流行微电影。所以本章的最后,我也想让我的这部家族、人物故事与历史、文学作品跟上现代流行的节奏,于是"借用"凤凰卫视或BBC的外拍专用摄像机,"拍"了下面这部几十秒钟的"微电影"——

镜头从"谌家矶大道119号"门牌慢拉至长江日报报业集团印务中心车间大楼,并升拍全景,显示这里是距自由绿色庄园大约9000多公里、中华人民共和国湖北省武汉市江岸区一个同样环境优美的城乡结合部。

镜头慢推至一份刚刚印好的《长江日报》,特写报头下方的出报日期:

2015年10月9日星期五

乙未年八月廿七

镜头再从那份刚刚印好的《长江日报》慢拉至一条隆隆运转的德国罗兰宽幅高速轮转印刷机生产线,变焦拍摄一摞摞《长江日报》正从这条生产线上被哗哗哗哗地印刷出来。

镜头悬拍生产线旁一位身着工装的印刷工人,然后推拍特写他手上展示的当日《长江日报》头版头条标题:英国家族六代人中国故事绵延140年。

镜头特写工人露出惊讶的表情,继而点头称赞,伸出大拇指。

镜头再次变焦拍摄,推出片名:传奇——一个英国家族跨越140年的中国故事。

的确,就在那一天,也就是公元2015年10月9日,阁楼发现1年零1个月之后,华中地区历史最悠久、影响力最大的报纸之一,也就是我供职的《长江日报》,以头版头条宽近4栏、高100多行的大幅版面做新闻导读,配以内页第3版宽近5栏、高120多行、题为《"对于我和孩子来说,中国就是未来"》的长篇图文报道,首度独家权威披露了西蒙家族隐没140年的中国故事。这条由长江日报报业集团总编辑充当幕后推手一手擘划,时任长江日报光谷记者站站长肖娟历时大半载、辗转中英两国两万公里采写的新闻一经发表,立即蹿红网络。一时间,西蒙也成了中国的"网红"和武汉的名人,有时候走在中国的大街上,甚至后来有一次走在英国剑桥的大街上,都被路人认了出来。

其实如果这事放在印度,放在澳洲、非洲、美洲,或者放在任何与大英帝国有殖民地与宗主国关系的地方,都不足为奇。但搁在一百年来历经内忧外患、一度闭关锁国与西方完全隔绝而今正发生地覆天翻变化的中国,这事,就是一个新闻与传奇,有着超高的新闻价值、强烈的社会关注度和非比寻常的历史意义。这也是《长江日报》为什么要拿出那么大的版面、本人为什么要花费这么大的精力对此大书特书、深钻深究的缘故。

西蒙其家族、西蒙其人的中国故事就这样被发掘了出来,被披露了开去。如果用一句混合了武汉方言的经典桥段来形容,那就是:"这哈子,地球人都知道啦!"其实关于西蒙其家族、西蒙其人,人们还是知之甚少的,所谓"只知其一而不知其九"啊。那么,西蒙其家族是一个什么样的家族?西蒙又究竟何许人也?他们都有着怎样的社会、文化和政治、经济背景,又有着怎样的英国故事和中国故事?作为地地道道的英国人,他们的衣食住行,他们的所思所想,他们的喜怒哀乐,他们的儿女情长,甚至他们的兴趣爱好、举止言谈,又都是怎样的?

欲知其详,且听"庄园口述",再看"剑桥报道"。

注释

①阿什维尔即阿什维尔村(Ashwell Village),位于英国赫特福德郡(Hertfordshire)的一个恬静优美的小乡村,西蒙和他的妻子、孩子就住在这里。

②该句引自蒲隆译、亨利·詹姆斯著《英伦印象》(*English Hours*)一书之《修道院与城堡》章节,见该书百花洲文艺出版社2015年10月第一版第163页。

③《重访》是西蒙祖母多萝西·霍沃思的侄子安东尼·亨利·加德姆撰写的一部家族传记,原名为 *GADDUMS REVISITED:A Family's History Revised and Extened*,翻译成中文就是《重访加德姆:一部家族史的修订与延伸》。该书由英国约克郡克莱克希顿市 The Amadeus 出版社于2005年出版。

④菲利普·霍沃思爵士电子邮件的原文如下:

Simon,

Your connections with China go back one generation further than you mention.H.T.G.Harry (Granny's father) spent 2.5 years in Shanghai from April 1887 to August 1889.He had a full life there but it was Polo which most caught his imagination.

When he got back he was determined to set up a Polo club. February 1891 saw the start and by April 10th eight chaps with ponies played their first game.

He knew from Shanghai that he needed a field large enough for 200 yards between goal posts.

Do you have your copy of *Gaddums Revisited* written by Anthony ? This comes from pages 123 to 126.

Dad

⑤《迄今为止》是西蒙的祖母多萝西·霍沃思写的一部回忆录和游记,原名 *SO FAR:1901—1978*,译成中文就是《迄今为止:1901—1978》,由英国曼彻斯特市 Richard Bates Limited 于 1979 年出版。该书记录了 1901 年至 1978 年其个人和家族成员的经历,以及她在苏联、中国、古巴等世界各地游历的情形。

⑥西蒙电子邮件的原文如下:

Hi Dad,

Just back from another China trip yesterday.I was asked by a journalist in Wuhan to write about why I was there and thought you might be interested in the resultant notes that I sent him this morning. We shall have to wait and see what he publishes.

Meanwhile……could you possibly scan the pages from *So*

Far that concern China and email them to me, please? Granny's diaries and the possibility that I will soon have film footage from their trips is creating some excitement in China.

love from S.

⑦漫游家即 Globe Trotter,系英国旅行箱著名品牌,1897年创办于伦敦。

⑧这段英文是歌曲《东方红》第一段的歌词。它的中文原文是:"东方红,太阳升,中国出了个毛泽东。他为人民谋幸福,呼儿嗨哟,他是人民大救星。"但五线谱上西蒙祖母眷录的歌词译文中,"东方红"后面漏掉了"太阳升"这几个字的英文翻译。

⑨该书由西蒙的外高祖父亨利·西奥多·加德姆长子哈瑞·埃德温·加德姆(Henry Edwin Gaddum)修订并续写,于1973年在曼彻斯特印刷出品。哈瑞(Harry)是亨利(Henry)的昵称。

⑩西蒙祖母的原名是多萝西·加德姆。按照英国习俗,已婚妇女一般不用原姓,而是冠以丈夫姓名,故其与西蒙的祖父结婚后,将名字改为多萝西·霍沃思。

第 2 章
庄园口述

第 1 节 自由绿色庄园的口述

1 "我是自由绿色庄园"

亲爱的中国朋友们,当然啰,还有我的英国同胞,How do you do?

我是自由绿色庄园,也就是余坦坦先生在上一章开头提到的那个芳草茵茵、绿树成荫、沃土千顷、牛羊成群有着一副典型英国模样的地方。是的,他说的没错,我就是这样的一个地方! 更准确地说,我就是这个地方,这个地方就是我,我的名字是"自由绿色庄园"。

其实以前,确切地说是 2015 年 10 月 9 日《长江日报》刊登那篇报道[①]以前,人们尤其是中国人对于自由绿色庄园也就是我并不知晓,更谈不上什么了解,甚至可以说也缺乏了解我的任何兴趣。是《长江日报》记者肖娟女士的报道将我推到了中国的面前,也将我推到了英国的面前,从而引起两国人民想了解我的兴趣。因此面对中国人民和英国人民投来的好奇目光,我觉得自己有责任也有义务站出来将自由绿色庄园的面貌呈现给大家看,同时自己也有责任有义务联合自由绿色庄园的主人们和他们的前辈们将发生在庄园里外的英中故事用"口述历史"的方式讲述出来,并且尽可能多地讲述出来,使之成为跨越十九、二十两个世纪并展望新世纪英中友好交往的连续篇章,也谱写出两国民间友谊的"旧篇之新章"。尤其是西蒙·霍沃思先生最近荣获了2017年度中国政府友谊奖,这可是中华人民共和国政府给予外国友人的最高荣誉啊,我就更觉得有讲讲发生在自由绿色庄园的那些故事的必要了。因为自由绿色庄园是霍沃思家族世代生活生长的地方,霍沃思家族的许多故事当然也包括许多中国故事都发生在这个地方,或与之有联系。而我就是他们生于斯、长于斯、学于斯、劳于斯的地方,是承载了他们悲欢离合、安危冷暖、喜怒哀乐、酸甜苦辣的家园,是发生这些故事的房屋和土地,是构成这些房屋的砖石木料、形成这块土地的草木水土的所在地,因此他们家族的一举一动、这些故事的每一个细节可以说我都历历在目倾听入耳。我,可以说是霍沃思家族故事尤其是中国故事的承载者、旁观者、见证者甚至参与者,我也因此理所当然责无旁贷也最有资格成为这样一项"口述历史"工作的引导者与推动者,做霍沃思家族中国故事的传播者。

2　柴郡是英国腋下的一块肥肉

那么现在就让我们前往那些历史故事曾经发生的现场，听一个历史老者也就是我以及自由绿色庄园的主人们和他们的前辈们讲一讲霍沃思家族的那些事尤其是霍沃思家族的那些中国故事吧！

按照我们英国人的习惯，不知道是从莎士比亚开始还是从狄更斯开始抑或从柯南·道尔开始，我们在讲述一个故事之前，总是要不厌其烦地讲述一下这些人物这些事情的来龙去脉与源远流长，以作为故事正式开始之前的一个序篇。那么好吧，我也遵此规矩——我们英国人一向就是以循规蹈矩、按部就班而著称的，先从霍沃思家族那些故事"原创"的地方从大到小、由远及近地讲起吧。

如您所知，自由绿色庄园位于联合王国英格兰柴郡与曼彻斯特市毗邻的纳茨福德皮弗这个地方，这一长串地名若用英文来写就是"Free Green Farm, Peover, Knutsford, Cheshire, England, UK"。

这是些什么地方呢？

如果说中国版图的造型像一只司晨的雄鸡，那么英国的造型就有点像是一只蹲立在那里的拉布拉多犬，或者是一只逗弄宝宝的大猩猩——那隔海相望的北爱不正是它的"宝宝"吗？这只拉布拉多犬或者这只大猩猩，既憨懂可爱，又憨态可掬，既精灵古怪，又敦厚老实。而柴郡（Cheshire），旧称County of Chester，就是它腋下的一块肥肉，富足、鲜活而且充满灵性与韧性。

位于英格兰西北部、奔宁山脉与威尔士北部高地之间的柴郡，一向以农业和畜牧业享誉英伦三岛，所以当你驱车或骑行于柴郡那广袤起伏的苍翠大地时，看见一望无际的田亩或牧场如大海一般席卷而来又如地毯一样铺展开去，也就不足为奇了。这里，我也想引用亨利·詹姆斯在 *English Hours*[②]中写的一句话来形容它："它那令人油然而生敬意的青翠似乎是英格兰早期的流风遗韵，它那不计其数的田亩在夕阳西下时延伸开去……田亩躺在那里，就像向伊丽莎白时代逐渐退去的复返的岁月。"[③]这似乎是对柴郡之自然和历史所能抒发与摹写出的最好的诗情与画意。此处我还要加上一句，那就是：牧场伸向天边，就像大地之母在追寻那逝去的韶华！是呀，柴郡如此多娇，引无数游人竞折腰，难怪这里是英国最富裕的地区之一呢，有那么多达官贵人、富豪名仕皆选择栖居在这里，尊享大自然的恩赐。据我所知，当来自中国武汉的余坦坦先生作为访客第一次来到这里的时候，他就被这里的天野苍茫所折服。他说，就像土地孕育种子一样，自己的创作冲动与灵感亦油然而生，且汹涌澎湃一发而不可收，禁不住想为这片土地抒写，想为世世代代生生不息于兹的霍沃思家族写书立传。

3 曼彻斯特的过去更加灿烂辉煌

至于曼彻斯特市,即使不说曼彻斯特联队和曼彻斯特城队以及它们那些如雷贯耳的足球巨星像贝克汉姆、鲁尼甚至孙继海等等,我想大家也依然都知道它的巨大存在,因为它的现在特别时尚靓丽,它的过去更加灿烂辉煌。它位于英格兰西北部区域,现在是大曼彻斯特都市郡④的都市自治市,也是英国仅次于伦敦的第二繁华城市,衍生自传统产业的新兴工业和迸发于先导领域的未来科技使这个工业革命时代的开路先锋早已告别了"蒸汽和汗水"的"灰黄"岁月而变身为打扮时髦的世界弄潮儿、创新领跑人、世纪新生代、未来塑造者,重新成为了英国乃至世界的一个新的中心。而回顾历史,妇孺皆知的是随着1764年珍妮纺纱机的发明和推广使用,曼彻斯特成为棉纺织工业的发祥地,并且从一个旧集镇发展成为英国有数的大城市和世界棉纺工业之都,由此发轫的世界工业革命又使它成为了世界上第一座实现工业化的城市。这里发达的棉纺织工业曾经给中国清政府最早派来欧洲考察的一位官员斌椿⑤留下了深刻的印象,他在归国后写成的《乘槎笔记》一书中生动再现了1866年曼彻斯特棉纺业的神奇与盛况:"街市繁盛,为英国第二埠头……自木棉出包时,至纺织染成,不逾晷刻,亦神速哉?"

4 克努特国王穿越河流时经过的浅滩

纳茨福德则是富饶柴郡的一个僻静小镇,距曼彻斯特市不过二三十分钟的车程。虽然只是柴郡的一个小镇,但它漂亮优雅,且声名显赫。说它"漂亮优雅",是因为这里历史悠久、人文荟萃,几百年甚至年代更为久远的房屋建筑随处可见,而只有在伦敦等大都市才能看到的迈凯伦超跑等世界顶级奢侈品牌专卖店在这里也能找到它们尊贵骄傲的身影,足见小镇虽小但却是英国上流社会豪门大户与英国精英阶层优雅之士们经常光顾与雅集的场所,整个小镇从上到下由里至外因此都弥漫着英国特有的贵族之气与时尚氛围。而说它"声名显赫",则是因为它的名字据说来自于千年之前曾经统治过包括英格兰在内的"北海帝国"国王克努特大帝⑥。在他那纵横跨越北海地区沿岸的庞大帝国中,克努特大帝似乎更喜欢不列颠岛上的英格兰,因此一年中的大部分时间都住在英格兰。人们相信这位曾经叱咤风云的大帝在公元1017年的某个时候——距今刚好整整是1000年——到达了纳茨福德这个地方。当然那个时候这个地方应该还不叫"纳茨福德"而叫其他的什么名字,至于具体叫什么名字我就无从考证也无需考证了。在诺曼时代⑦的历史档案中,纳茨福德这个名字被记为"Canutesford",意思是"克努特的渡口"。它现在的英文名字"Knutsford"则来自于这样一重意思:"the ford

在纳茨福德,几百年甚至年代更为久远的房屋建筑随处可见,整个小镇从上到下由里至外都弥漫着英国特有的贵族之气与时尚氛围。 余坦坦/摄

across the river that was used by King Knut"("克努特国王穿越河流时经过的浅滩")。镇上至今还有不少与克努特大帝有关的东西。有关他那个时期最著名的故事就是莎士比亚的《哈姆雷特》啰,哈姆雷特正是一位丹麦王子,至于他是不是真的就是克努特大帝的子嗣,那我就无从知晓了。

5 皮弗是一个典型的英国乡村

从镇上出来沿着纳茨福德蜿蜒逼仄绿树环绕的乡间小道继续往里走,就来到了自由绿色庄园所在的皮弗这个地方。皮弗是个典型的英国乡村:田亩像巨大的绒绿毯一样,依次块状铺开,绵延天际,衬托起天穹、云朵、朝阳、夕照;枝叶掩映的老宅偶尔在清风的撩拨下露出古色古香优雅别致的真容;奶牛和羊群在水边草坪悠闲地吃草漫步,一只或几只黑色黄色或者是巧克力色的纯种拉布拉多猎犬调皮地穿行其间嬉戏打闹;偶尔会有几位绅士装扮的男女骑手坐在屁股滚圆肥大的高头骏马上,从铺满碎石的宅前老路上嘀哒嘀哒地信步踏过;无论是蓝天白云的晴好天气还是阴雨绵绵的晦涩季节,总有那么几对情意绵绵的恩爱老者或卿卿我我的热恋情侣肩并肩手挽手徜徉于地头田间或路边宅前,给人以"夕阳无限好"或"爱情似火烧"的温馨感观与浪漫情调……相对于伦敦、曼彻斯特甚至纳茨福德,皮弗当然是一个小地方了,但城镇里建筑密集、交通拥挤、人口众多、环境嘈杂,因此举目四望时视线必然会处处受阻、心情也势必受到压抑,所以当您一旦来到像皮弗这样开敞美丽的乡野时,您的第一感觉一定是豁然开朗"龙心大悦"乐哉悠哉也。其实若要像大城市那样以平方英尺来扣算面积的话呢,皮弗这个地方也不算太小。它实际上包含了两个村子——Over Peover Village(上皮弗)和 Lower Peover Village(下皮弗),以及一大片原野,当地人管它叫"Peover Heath",自由绿色庄园目前就属于上皮弗。这里的人口也不是很多,但若要问现在有多少居民那我一时也说不清楚,只知道上皮弗前几年有 600 多人,这 600 多人就散居在一片仅凭肉眼一下子还难以望到边际的颇为广阔的区域,其中就包括我的主人也就是西蒙·霍沃思先生的父亲菲利普·霍沃思爵士及其家人啰。不过别看皮弗偏居纳茨福德一隅,但像衣食住行、吃喝玩乐、物质精神——借用你们中国人常说的一句话吧——这些英国人日常生活之必需可谓是一应俱全应有尽有,所谓"皮弗虽远,样样俱全"是也。皮弗目前有酒吧有商店有邮局有小学还有一座教堂,尤其是那个离自由绿色农场仅仅几分钟车程的"皮弗钟声"餐馆和它旁边那座有着七八百年历史的圣奥斯瓦尔德教堂可以说是远近闻名,每逢节假日附近的居民都会络绎不绝。皮弗这个地方什么都好,就是上皮弗和下皮弗这两个村子之间在地段的"交割"上有时纠缠不清,常常让人摸不着头脑。虽然皮弗在名字上有"上""下"之分,也的确被划分为两个村子,所谓上皮弗是上皮弗、下皮弗是下皮弗,但要真想在地理上把它们两个分得一清二楚却也并不是一件很容易的事。尤其是上下皮弗之间经常会有时过"境"迁的事情发生,今天属于上皮弗的地段明天就可能属于下皮弗了,而明天属于下皮弗的地段后天又可能属于上皮弗了,比如自由绿色庄园以前就属于下皮弗而现在又划归上皮弗了,所以在此居住或来此旅游的人们都有过"皮弗"们之间的某些地段经常会被误认为是对方的有趣或烦恼经历。当然由于地缘和历史等方面的原因,"皮弗"之间肯定会有这样那样剪不断的联系,比如上皮弗和下皮弗的两个教区就通过它们的教区教堂有联系:两座教堂是姊妹教堂,并且共有一位名叫简·劳埃德的教区牧师。关于皮弗,也就是我所在的这个地方,我能说的也就只能是这么些了,并且我也不打算再多说了,因为言多必失,再说就会扰乱我们的主题了。如果您想要知道得更多的话呢,就请您尝试着登录皮弗的两个网站吧——

上皮弗 *http://www.overpeover.com*

下皮弗 *http://lower-peover.co.uk/*

没准儿它们会让你知道的更多,同时村子里的热心人说不定还能和您做一些交流,甚至和您交一个朋友。

6 免费公共草地

瞧,自由绿色庄园就坐落在这样的一个地方,一个人杰地灵、水美草肥、历史悠久、人文灿烂的地方。一个多么美好的地方啊!

那么现在,就到了我们此行的目的地了,也就是自由绿色庄园。呵呵,如果说得更幽默一点,那就是终于"爬"到我的"身上"了。

欢迎来到自由绿色庄园!

如果望"我"生义单纯从字面去理解的话,Free Green Farm(自由绿色庄园)这个名字很容易被理解为"自由(Free)民主+绿色(Green)环保的庄园",当然"民主"和"环保"这两个词儿是作为"自由"与"绿色"天然的后缀而被顺理成章地引申出来的,那么言下之意也就是说这座庄园的主人是一个主张自由民主与绿色环保的人。然而实际的含义却并非如此。

"自由"如前所述在英语中写作"Free",这个词在英语里既有"自由的"意思也有"免费的"意思,自由绿色庄园中的这个"Free"就是"免费的"意思。"Green"呢,做形容词时它意指"绿的",做名词时就有"公共草地"的意思,用在这里取的就是"公共草地"的意思。这样我们就知道了,自由绿色庄园中的所谓"自由绿色"实际上就是"免费公共草地"的意思,而并非"自由民主+绿色环保"的意思,尽管我相信我的历任主人们都是笃信自由民主与绿色环保理念的人。

那"自由绿色"在这里又为什么被定义为"免费公共草地"了呢?

原来,霍沃思家族的那幢老宅前面有一片小的土地,在这片小的土地上面既有道路沟壑也有树木草坪。老宅及隔壁左右乃至周遭的大片土地自然都是或者曾经都是霍沃思家族的私有土地了,但这一片小的土地,如前所述,包括那条从老宅门前笔直通往前方乡间道路长约数百英尺[8]的碎石小路,则不属于他们而属于公共土地。既然是公共土地,那么对于村民乃至于路人游人而言就是免费开放的啰,所以尽管这一片小的土地与霍沃思家族的老宅私园近在咫尺甚至唇齿相依,但几乎所有的人都可以在这里"自由航行"。因此,当您看到经常有许多汽车、路人甚至是马匹大摇大摆地从霍沃思家族老宅门前走来走去走去走来的时候,有时甚至和老宅走得很近,几乎与它的门阶窗沿擦肩而过,而霍沃思家族的人却从来也不去干涉,也就不会感到惊讶了。至于霍沃思家族的这座庄园为什么取名自由绿色庄园,则是因为这座庄园刚好与这块"免费公共草地"毗邻,庄园的主人"顺手牵羊"也就给它起了这么个名字,其真实的含义是:毗邻一块免费公共草地的庄园。

7 350英亩之广

自由绿色庄园以前是很大的一片区域,有350英亩之广,而现在却缩小到只有25英亩[9]。缩小的原因其实很简单,就是因为霍沃思家族除了菲利普·霍沃思爵士本人之外已经没有人再继续从事与庄园发展密切相关的农业、林业与畜牧业生产了。这一点是不是和你们中国的许多农村也很相似呢？霍沃思家族的晚辈们或谓年轻人都已经进城上学或发展去了，只剩下菲利普·霍沃思爵士和他的夫人 Lady Haworth（霍沃思夫人）老两口在此留守祖产。Lady Haworth 原名 Joan Helen Clark（琼·海伦·克拉克），与菲利普·霍沃思爵士结婚以后，按照我们英国人的习惯就被称为 Lady Haworth 了，所谓 married name（夫姓）。而两位老人年事已高，均已到了耄耋之年，可谓是垂垂老矣。其中菲利普·霍沃思爵士于 2017 年 1 月 17 日在这里度过了他的 90 岁生日，而本来身体还挺健康、性格也很乐观开朗的霍沃思夫人因不慎在家中摔了一跤而受伤住院，于 2017 年 5 月 22 日的早上不幸去世，享年 91 岁[10]。

现在的自由绿色庄园仅仅保留了以前供家族成员生活、休憩与游乐的区域———一幢建于公元 1720 年左右已近 300 年的老宅及其附属建筑和一座数万平方英尺的花园，以及少量的一些土地。和过去一望无际的农场、林场、牧场相比，现在的自由绿色庄园已经是小得不能够再小了。

哎，瞧，说着说着，我的主人也就是我们尊敬的菲利普·霍沃思爵士就来了。但凡有客人来，我们的爵士大人总会恭候相迎，更不用说是远道而来的中国客人啰。那么现在就让我稍息片刻，把"话筒"交给菲利普·霍沃思爵士，请他老人家先讲一讲霍沃思家族以及这座庄园、这幢老宅的有关情况和故事吧。

· 48 ·

第 2 节　菲利普·霍沃思爵士的口述

1　第三代从男爵

非常欢迎您远道而来,采访我们的家族,参观我们的庄园。

我是 Sir Philip Haworth Bt.(菲利普·霍沃思从男爵),也是霍沃思家族第三代从男爵。我从我的父亲 Sir Arthur Geoffrey Haworth Bt.(亚瑟·杰弗里·霍沃思从男爵)那里世袭继承了从男爵爵位。我的父亲则是从他的父亲 Sir Arthur Adlington Haworth Bt.(亚瑟·阿德灵顿·霍沃思从男爵)那里世袭继承了从男爵爵位。根据长子继承制,我的长子 Christopher Haworth(克里斯托弗·霍沃思)将继承我的从男爵爵位,成为第四代从男爵,而克里斯托弗的儿子 Oliver Haworth(奥利弗·霍沃思)也将继承他的从男爵爵位,成为第五代从男爵。根据英王御令和国家法令,从男爵爵位是可以世袭继承的,可以代代相传,所以我们霍沃思家族的从男爵爵位将会按照这个规定,一代又一代地这么传承下去,直到永远。

2　从男爵

关于我们霍沃思家族,我想从我的祖父也就是亚瑟·阿德灵顿·霍沃思获赐封的这个从男爵爵位讲起。如您所知，英国实行了封爵制度。英国封爵起源于14世纪中叶。始创于1350年的"嘉德勋衔"是英国历史上最悠久、地位最高的勋位。英国勋衔分为三大类：一是Royal orders（皇族勋位），仅赐封予皇族或最高级的贵族；二是Noble or familyorders（贵族勋位），赐封予一般贵族；三是Orders of merit（功绩勋位），赐封予有重大贡献的人士。皇族与贵族的勋衔分为五级，即公爵、侯爵、伯爵、子爵、男爵。但男爵之下还有从男爵，是世袭爵位中最低的一个。

从男爵，又称准男爵，是对从英国国王取得世袭"从男爵爵位"人士的称呼。从男爵一词"Baronet"来自"男爵"（"Baron"），其地位在男爵之下又在骑士之上。从男爵爵位有3个独一无二的特点：第一，它是一项世袭荣誉，但不属于贵族爵位；第二，从男爵以"爵士"为敬称，获封或世袭继承爵位后，从男爵名字前可冠以Sir（爵士）的尊称，名字后配以"Bt."的头衔，女性则在名字前冠以Dame（女爵士）的尊称并在名字后配以"Btss."的头衔，但从男爵不属于"骑士爵位"；第三，它是英国特有的，在欧洲大陆并没有与之同等的爵位，但与欧洲的"世袭骑士"性质接近。

从男爵这个爵位来自英王詹姆士一世，他于1611年5月22日创设了这一世袭的英格兰从男爵爵位，用以筹集资金。根据M. C.派翠1967年编著的《从男爵爵位创设索引》一书统计，1611年至1964年约350年间，英王总共创设了

3482个从男爵爵位。现今英国仍存在大约1380个从男爵爵位,但官方名册上只有1280个。自1965年至今,英王只创设了一个新的从男爵爵位,该爵位于1990年为英国前首相撒切尔女男爵的丈夫丹尼斯·撒切尔所设,商人丹尼斯·撒切尔因此获称Sir Denis Thatcher Bt.(丹尼斯·撒切尔爵士)。丹尼斯·撒切尔爵士于2003年去世后,他的儿子继承了爵位,成为Sir Mark Thatcher Bt.(马克·撒切尔爵士)。

3 "切斯特邓纳姆梅西的霍沃思从男爵"

我的祖父亚瑟·阿德灵顿·霍沃思生于1865年,曾经作为曼彻斯特南部地区的代表人物和英国左翼政党自由党的高层于1906年至1912年担任了英国议会①下院的自由议员。基于祖父为国家和国民服务的卓越成就与非凡勇气以及对曼彻斯特地区发展所做出的巨大贡献,我们的国王于1911年7月3日专门为他创设了"Haworth Baronetcy"("霍沃思从男爵爵位")并赐封予他。由于祖父当时居住在柴郡首府切斯特邓纳姆梅西这个地方,因此人们也就习惯地把他称为"切斯特邓纳姆梅西的霍沃思从男爵",我的父亲杰弗里则被称为"切斯特邓纳姆梅西的霍沃思二世从男爵",我本人则被称为"切斯特邓纳姆梅西的霍沃思三世从男爵",而今后继承这一爵位的我的儿子和孙子则将按顺序被称为"切斯特邓纳姆梅西的霍沃思四世从男爵"和"切斯特邓纳姆梅西的

菲利普·霍沃思爵士在这幢老房子里生活了差不多一辈子。2016年7月13日,武汉"小小外交家"离开自由绿色庄园时,霍沃思爵士和他的夫人霍沃思太太站在老宅前依依不舍地送别中国孩子。　余坦坦/摄霍沃思五世从男爵",以此类推。祖父于1891年与Lily Rigby（莉莉·里格比）结婚,婚后生有3个儿子。祖父于1944年去世,终年80岁。祖母自1891年起主持兰开夏郡治安法官办公室的工作,也献身公职。她于1952年去世。

尽管从男爵爵位在英国的勋衔系列里并不属于贵族爵位,因而我们不是贵族而是平民,但由于这一爵位系英王为有重大突出贡献者而特别创设并赐封的,其地位和意义并不亚于贵族爵位,所以无论是在国家还是在地方郡,我们这个家族的成员都受到了与那些拥有贵族爵位的人一样的爱戴与尊敬。

4　亚瑟·杰弗里·霍沃思从男爵

我的祖父是一位优秀的下院议员,我的祖母也是一位杰出的公务人员,我的父亲和我的母亲同样也具有出色的禀赋和优异的才能。

父亲亚瑟·杰弗里·霍沃思1896年4月5日出生,中学毕业于著名的拉格比公学[12],之后获得皇后私属西肯特团和机枪队的中尉军衔,参加了第一次世界大战。一战结束后的1919年他从牛津大学新学院毕业并获得文学学士学位,1935年又获得文学硕士学位。父亲后来投身公职,于1937年至1970年主持柴郡治安法官办公室工作长达33年之久。父亲于1944年8月31日继承了祖父的从男爵爵位。他于

1987年去世,享年91岁。母亲Emily Dorothea Gaddum(艾米丽·多萝西·加德姆)于1901年7月22日出生,是Henry Edwin Gaddum(亨利·埃德温·加德姆)的女儿。她于1980年去世,终年79岁。

5 哈雷交响乐团主席

"我们两家是多年的朋友;我的父亲和G的父亲曾经一起住在鲍登一所维多利亚时代的大房子里,两人的年龄也差不多。"⑬这是母亲多萝西在她的《迄今为止》一书里写下的句子,其中提到的"G"正是我的父亲杰弗里。因为父辈的友谊他们两小无猜青梅竹马,长大以后自然而然就结了婚,时间是1926年的4月28日,对,是4月28日。结婚第二年的1月17日,他们就生下了他们的第一个孩子也就是我,之后又生育了3个儿子。

父亲和母亲结婚不久,就离开家族生意的发源地曼彻斯特来到柴郡乡村也就是自由绿色庄园经营起农场。农场经营得非常成功,以至于在当地方圆很大的一个区域我们家都算是一个大户。其实在这里我想说的并不是我的父母经营农场有多么成功,我特别想说的是:我的父母不仅经营农场十分成功,他们更是一对杰出的音乐家和艺术家。父亲曾经担任英国第二大交响乐团曼彻斯特哈雷交响乐团⑭的主席,经常随乐团到世界各地演出。他们的自由绿色庄园因此也成为一个艺术沙龙,来自世界各地的艺术家和音乐家经常在此聚会,其中也包括不少来自中国的艺术家和音乐家,但遗憾的是那个时候家族中的"中国元素"还没有在我的心田中和脑海里"发酵",因此我也没有留心去记住他们的中国名字。除了艺术和音乐之外,父亲和母亲还热衷于旅行,一生中一共去过27个国家和地区,足迹遍及全世界,包括1963年和1967年两次前往"共产主义中国"。母亲多萝西后来还写作了一本传记兼游记,名字叫做《迄今为止》,其中就详细描述了她在中国的所见所闻。

6 5个孩子

至于我和我的夫人琼,与出类拔萃的前辈们相比,我觉得我们都只是普通的人。我中学时就读于著名的邓特斯中学[15],1948年毕业于雷丁大学[16],获得了一个理学学士的学位。我和琼于1951年4月21日结婚,婚后养育了5个孩子,他们分别是Christopher Haworth(克里斯托弗·霍沃思)、Penelope Jane Byrne(佩内洛普·简·伯恩)、Mark Haworth(马克·霍沃思)、Simon Nicholas Haworth(西蒙·尼古拉斯·霍沃思)和Adam Ewart Haworth(亚当·尤尔特·霍沃思)。我于1987年继承了父亲的从男爵爵位,成为我们这个家族的第三代从男爵。

7 "儿子西蒙正在实现我的梦想"

其实在我们的大家族,我是说包括我的母亲多萝西的家族也就是加德姆家族在内的大家族,与由于我的祖父获封从男爵爵位而成为我们这个地方德高望重声名显赫家族之一的霍沃思家族一样,加德姆家族同样具有辉煌的历史。加德姆家族的历史可以说源远流长,其谱系甚至已经追溯到了公元15世纪。加德姆家族的历史因为家族中人才辈出而辉煌灿烂,甚至在英格兰许多城市的早期发展史上也有值得为它书写一笔的地方。然而加德姆家族的历史固然辉煌灿烂,但我认为其中最值得我们今人自豪骄傲的篇章之一就是他们家族与中国持续百年的友好交往。这种交往甚至使我们的整个大家族都与中国产生了联系,霍沃思家族因为其家族成员也就是我的父亲杰弗里和母亲多萝西有与中国交往的这样一种背景也与中国产生了密切的联系,这种密切联系在今天的具体体现就是我的儿子西蒙和孙子乔治最近几年与中国建立的友好互助关系。这种与中国的特殊友好关系如今已经成了我们整个家族的一种骄傲与自豪,成为了我们这个家族与英国其他家族不同的地方和魅力所在,是我们家族一张甚至不需要过多的语言交流就可以被英中两国人民识别的名片。当然,这也正是我们今天得以在这里相见、相识、相谈、相敬的缘由与缘分所在。

正如您在我们家族的几本传记和各种媒体报道中所看到的那样,我们家族的故事很多,我们家族与中国交往的故事也很多很多,这其中有旧的故事也有新的故事,有过去的故事也有现在的故事,当然还会有未来的故事,如果真要从头到尾讲述的话,我想写一本书甚至拍一部电影或者一部电视剧恐怕也不为多。然而这样庞杂的工作我想还是留给记者、作家或导演们甚至是我的子孙后代们去完成吧,我因为年龄大了,实在是无能为力了。因此在这里,我也只能这样简单地介绍一下我们的家族,剩下的故事,包括加德姆家族、霍沃思家族与中国友好交往的那些故事,就留待我终身的好伙伴也就是自由绿色庄园去讲述吧。

这里我要补充一句,也是我终生的一个遗憾,那就是尽管我们家族与中国的关系源远流长并且历久弥新,但我本人至今没去过中国。其实对于伟大的中国,我和我的夫人一直心存向往,早几年,我曾经和我的夫人计划去杭州旅游,一切似乎都准备好了,但遗憾的是最终还是没有成行。如今我的夫人已经先我而去,而我也已经过了九十高龄,人一旦到了这个年龄,在家里、庄园里转转还可以,甚至开车到附近的地方与朋友们聚聚也还行,但若要坐上十几个小时的飞机再经历倒时差的痛苦去作洲际旅行恐怕就力所不逮了,所以我最终只好放弃企望已久的中国之旅。不过尽管我的这个夙愿未能如期完成,但我的儿子西蒙和我的几个孙辈们正在实现着我不曾实现的梦想。如果友情友谊以及思想思恋也有遗传因子的话，那我相信这种深深储存在我们家族血液中的与中国友好交往的基因此时正通过西蒙和我的孙辈们在发挥它遗传友情与链接友谊的巨大而神奇的作用。因此我是不是可以这样说：尽管我没有迈出通向中国的那一步，但西蒙迈向中国的每一步都是我们这个家族当然也是我迈向中国的每一步；尽管我没有握住遥远中国召唤我的手，但乔治与中国朋友的每一次握手都是我们这个家族当然也是我与中国朋友的一次次握手。可以说，加德姆家族与霍沃思家族历经百年积累起来的与中国人民的友情友谊正通过西蒙迈向中国的步伐镌刻在中国的土地之上，亨利·加德姆、哈瑞·加德姆、多萝西·加德姆和安东尼·加德姆先后四代人关于遥远中国的美好思想与美好思恋正通过乔治伸向中国朋友的手传递给每一位中国人。因此我是不是还可以这样进一步设问：借助了儿子西蒙的脚，我也因此"到过了"中国？借助了孙子乔治的手，我也因此"握住了"中国的手？是的，鉴于两位子孙的中国作为，我觉得自己现在完全可以这样说了：借助了儿子西蒙的脚，我终于到过了伟大的中国！借助了孙子乔治的手，我也终于握住了中国的手！我的子孙们帮助我也帮助我的夫人实现了我们的"中国梦"。所以当人们问我此生此世有哪些事情足以让我欣慰也足以让我自豪的时候，我会说加德姆家族与霍沃思家族的中国事业后继有人、我们的祖辈书写的中国故事如今又被续写新篇是我这辈子最感到欣慰也最感到自豪的事情之一。这种欣慰与这种自豪也多少弥补了我未能亲赴中国实地访问所造成的遗憾。当然了，照我上面所说的话，我已经借助子孙们实现了我的"中国梦"，那，我也就再没什么可遗憾的啦。

8 "我在庄园住了一辈子！"

最后，我想再花上那么一点时间，讲讲我们的这座庄园，讲讲我们的这幢老宅，以及这几十上百年来发生在这里的令我难忘的一些事情。

"我们第一次看到自由绿色庄园是在《纳茨福德卫报》刊登的一则售房广告上，并且在 1930 年 11 月去看了房。那是一个阴暗的日子，我们觉得我们正好在它最糟糕的时候看到了它，但是我们喜欢上了它，并且在那一年的 12 月花 5000 英镑买下了那幢房子、庄园建筑和 50 英亩土地。1931 年 6 月从莫伯利搬过去之前，我们对庄园做了一些改动。"⑰母亲在《迄今为止》中写下的这段话告诉了我们他们是怎么来到自由绿色庄园的。是的，他们，实际上还包括了他们的 3 个孩子——我以及 1929 年 11 月出生的 Jennefer（詹妮弗）、1931 年 1 月出生的 Jeremy（杰里米），就是这么来到自由绿色庄园的。

我就这样来到了自由绿色庄园，并且一住就是差不多一辈子，从 1931 年一直到现在超过了 85 年。在这漫长的 85

年里,除了去索尔兹伯里和伯克夏郡雷丁市上学之外,我几乎就没有离开过自由绿色庄园。我在这里生活。我在这里工作。我在这里结婚。我在这里退休。我在这里和妻子共同养育了我们的5个孩子,又在这里送走了我的父亲和母亲。我几乎在这里经历了我人生中所经历的一切——艰难时世或美好时光,我的一切也几乎都整个地给予了这里——酸甜苦辣与悲欢离合。与其说自由绿色庄园是"我的一座庄园",毋宁说它是我的一个好朋友,一个好伙伴。我既是它的主人,也是它的仆人,但更多的时候我更愿意把它当做我也当做我们全家休戚与共相依为命的衣食父母,是我们赖以生存赖以修身养性的一个圣所。《圣经》上说"上帝创造天地",既然上帝创造了不列颠,那自由绿色庄园也就是上帝赐予我们家族的一块风水宝地啰。上帝也佑护我和我的家人们,我们因此得以在这样一片美丽富饶的土地上繁衍生息,生生不已。因此,我衷心地感谢自由绿色庄园,感谢它为我们所奉献的一切! 我也愿意终生为它效劳,将我之一生奉献给我的自由绿色庄园!

9 自由绿色庄园的过去、现在和未来

这么抒情地表达了我对自由绿色庄园的深情厚谊,现在我们就来谈谈它的过去、现在和未来吧。

我想自由绿色庄园所在的这块土地一定也和英格兰所

在的不列颠岛一样悠久古老。有不列颠的时候就有了自由绿色庄园的这块土地,但是不是有了英格兰或者是有了联合王国就有了自由绿色庄园,关于这一点,实在是无从"科考"。因此关于自由绿色庄园的过去我只能从我们家族到达这里的时候讲起,并且讲述的内容也仅限于我所知道和掌握的有限范围。

如前所述,自由绿色庄园当初归于我父母名下的时候只有区区 50 英亩,对于平民百姓来讲这是一块很大的土地,但相对于贵族豪门而言则稍嫌其小。然而由于我父母审时度势善于经营,加之柴郡、曼城天时地利人和,当然其中也少不了包括我在内的家族其他成员的辛劳,庄园逐渐由小变大,到我继承经营的时候一度达到了 350 英亩,在纳茨福德以至于周边都是响当当的大户。然而随着父母的故去和我们这一代人的老去,尤其是随着年轻一代的离家而去,庄园的经营亦愈显后继乏人。这样在 1993 年,我就决定卖掉庄园的绝大多数土地,仅保留足资我们生活、休憩与游乐的一小块地方,也就是您现在看到的这一片区域,而去和我的夫人颐养天年安度晚年。未来我去世后,我的长子克里斯托弗在继承我的从男爵爵位的同时也会代表我们家族负责掌管自由绿色庄园。我现在的使命是把自由绿色庄园这份祖产继续照管好,并在合适的时候完好顺利地交给他们——当然他们要想继承这份祖产也要付出他们自己的努力,至于今后克里斯托弗以及其他的孩子们将会如何打理处置这座庄园,只能由他们自己根据当时天、地、人这三方面的情况加以适当的考虑再做出明智妥善之决定了。

10 英格兰西北部风格的建筑珍品

至于这幢砖石结构的家传老宅,我只能说它是一座代表了英格兰西北部传统风格与艺术特点的建筑珍品。不光是我的父母还有我们,所有第一次看到它的人,包括英国人、外国人当然也包括你们中国人了,都会深深地喜欢上它甚至爱上它的,尽管它看上去并不像英国大多数年代久远的古堡和宫殿那样,那么富丽堂皇那么美轮美奂那么精雕细刻。

如您所知,这幢老宅并非出自我们家族之手,早在我们一家人搬进来之前很久很久,它就已经矗立在纳茨福德的这块广原之上了,它具体是由谁设计的由谁承建的,在我们之前它都经历了哪些风风雨雨悲欢离合我们也一概不知,我现在甚至也不能说出1930年时将这幢老宅卖给我们的那一家人的姓氏姓名以及他们为什么要将这样好的一座庄园和这样好的一幢房子卖给我们。我在这里所能够告诉您的大概就是由于柴郡大部分地质基础是由三迭纪砂岩和泥灰岩所构成的,所以土壤显得特别红,这种红红的泥土通常会被用来烧制成红砖建筑房屋,红砖建筑因而也就成了柴郡以及曼彻斯特建筑的基本特色,我想这也就是我们这幢老宅的外墙和立面为什么混杂了砖红色、咖啡色等多种颜色的原因之一吧。至于柴郡乡镇的屋舍多为黑白色相间的半木材结构——这一点在纳茨福德您就可以很清楚地看到——而我们的这幢老宅却为什么不是这样,个中的缘由由于我并不是搞建筑的,并且以前也没有过多地关注这些事情,因而也就不得而知了。

我在这里特别想告诉您的是,尽管这幢老宅不是我们亲手所建,但我们在这幢老宅的上上下下、里里外外、角角落落、前前后后,在这幢老宅每一平方英尺每一平方英寸的面积之上,都倾注了大量的心血与劳动,也倾注了无尽的热情和爱。其实对于这幢老宅,和对待自由绿色庄园一样,我们同样也是把它作为一个朋友一个伙伴甚至是一个家人来看待的,而不仅仅只是把它当做一座供我们吃喝拉撒睡、嬉闹娱游玩的住宅和花园。它始终是我们生活中一个有生命有灵气的存在,和我们家的那只拉布拉多猎犬 Nero(尼罗)[18]一样,是组成我们大家庭不可或缺的一员。

估计您也看得出来,1931年我们刚刚搬进自由绿色庄园的时候这幢老宅以及它的周边并不是现在呈现给您的这个样子。那个时候的它更加简单:没有那么四通八达的沟渠和道路;没有那么多彩茂密的花草和树木;花园中没有水池和游泳池,也没有现在花园中的那些小溪流水、木桥石径、茅屋栈道、亭台雕塑以及剪裁漂亮的园林小品;甚至也没有门口空地上的那个日晷。有的,只是一幢老宅而已,以及它顶上的那对貌似烟囱实则并不是烟囱而只是一对用来炫耀豪宅气派的双塔。所以从搬进自由绿色庄园的那一天起，我们就围绕我们的家庭生活开始对这幢老宅的砖石花木、草坪道路等进行逐步的扩建改造乃至于美化。而扩建改造乃至于美化之所以说是"围绕我们的家庭生活"，是因为老宅旁栽的那些树是母亲送给我的生日礼物，蹲在水池旁边那座儿子亚当的童年雕塑是我亲手雕琢送给他的，花园中的那个亭子是为我60岁生日而特地建造的，老宅楼道房间里无处不在的家人照片和美术作品更是记录和描绘了我们家族的一个个历史瞬间与成长时刻……总之，我们把它改造成了一个充满人情味儿也充满了趣味儿的舒心所在。有人说自由绿色庄园是一座展示了英格兰西北部乡村生活的博物馆，也有人说这幢老宅收藏了纳茨福德皮弗地方一个英格兰家族近百年的历史，如果您到现场走一走看一看，我想您的所见所闻也一定会给您留下这样的印象。

11 终生难忘的事

毫无疑问，发生在庄园里的中国故事是给我留下深刻印象的事情，然而还有其他的一些事情也让我终生难忘。

您一定在电影里看到过二战时期德军飞机对英国狂轰滥炸的情景，我想说的是我曾经亲眼看到并亲身经历了德国人对英国的野蛮轰炸，确切地说是对我们家乡也就是皮弗这个小地方的野蛮轰炸。您也知道，曼彻斯特是英国的工业中心,那么德国要想征服英国打垮英国就必须首先摧毁这个工业中心,于是他们就来了。而不幸的是我们柴郡又紧邻着这个工业中心,于是不可避免地也遭到了轰炸。不列颠之战打得最火热的时候,我们站在家门口就经常可以望见双方的飞机在头顶上你来我往格斗较量,时间久了,我甚至可以分辨得出德国的亨克尔轰炸机和英国的喷火式战斗机发动机的不同声音。有时候为了躲避轰炸,德国人的飞机一来我们就躲到老宅的楼梯下面,尽管我们也知道一旦老宅中弹里面的人将难以生还。为了支援战争,我们家的那辆福特车甚至改成了一辆救护车。一次,距离我们家不远的一幢房子不幸被炸弹击中,浓烟滚滚,火光冲天,于是我们就开着救护车赶过去救援。然而面对无情的大火以及被大火和浓烟吞噬的人们我们却毫无办法,只能眼睁睁地看着一个个曾经熟悉的人就这么悲惨地死去。虽然那场战争已经过去了七八十年,曾经遭遇战火摧残的家乡土地也已经被一茬又一茬的青草所覆盖,但战争所造成的恐惧与创伤却长久地留在我们的心上,也长久地镌刻在自由绿色庄园的土地之上,以至于让我们刻骨铭心终生难忘。

  人生的道路曲折漫长,没有人会知道什么人什么时候会在什么地方出现异常,所以当琼也就是我的夫人1960年被发现得了癌症的时候,那种因不治之症的突然降临而给家庭带来的恐慌,我想您是可以想象的。能不能说这是继德军轰炸之后我们这个家庭遭遇的第二次大的恐慌呢?我想应该是这样的。在那段艰难的日子里,老宅固有的沉稳氛围被一股凌空而掠的不祥气息所扰动,自由绿色庄园的草地也仿佛失去了它惯有的碧绿。然而上帝也再一次佑护了我的夫人:在曼彻斯特一位被称为"Randolf Champion"("兰道夫冠军")的医生的精心治疗下,琼的癌症居然奇迹般地好了,并且一直健康快乐地活过了90岁。如果不是意外摔伤导致不幸去世,琼应该还能活得更长。在此,除了感谢医生"兰道夫冠军"当年的救妻之恩外,我是不是还要格外感恩是自由绿色庄园这块福地为我的夫人转危为安起死回生提供了另一种有力的支撑呢?造物主就是这样无时无刻不在发挥着她的神奇的力量!痊愈后的琼开始热衷于慈善事业,通过邀请哈雷管弦乐团的音乐家和 the Buxton Opera Festival(巴克斯顿歌剧节)[②]上的艺术家来自由绿色庄园举办音乐晚会来为癌症研究机构募集资金是她多年来感觉最为快乐的事情之一。每当看到一个个癌症患者痊愈出院,琼总有着和自己痊愈出院一样的快乐。所以最后我要说,自由绿色庄园长青,琼的生活,我们的生活,我们家族的生活,也长青!

关于我们家族,关于这座庄园,关于这幢老宅,我就暂时讲到这里吧。至于我们家族与中国的那些故事,就由自由绿色庄园接着请我的母亲去讲吧。

Thank you very much!(非常感谢!)

第3节　拐点和交叉点

好的,非常感谢菲利普·霍沃思爵士这么精彩这么丰富这么充满热情乃至于激情深情的讲述。爵士大人的生动讲述为我们展现了霍沃思家族群星闪耀的历史,也为我们展现了自由绿色庄园以及那幢老宅的来龙去脉与风姿风采,堪称是一次不可多得的历史教科书般的讲述,具有十分珍贵的史料价值。那么现在就让我们延续爵士大人的中国话题,继续我们的"中国之旅",也继续讲述我们的那些中国故事吧。

在霍沃思家族与中国联系交往的漫长纽带上,杰弗里·霍沃思爵士与他的夫人多萝西占据着承前启后的关键位置。为什么这么说呢?因为如果不是他们继续与中国保持了联系,具体一点说,就是如果没有他们1963年和1967年的两次中国之行,那么由亨利·加德姆开启的加德姆家族继之以霍沃思家族与中国的世代联系交往就出现了断层,也就是戛然中断了。或者这么说吧,加德姆家族与中国的联系交往持续了父亲亨利·加德姆和儿子哈瑞·加德姆这两代人,但到了第三代时却出现了一个拐点,也可以说是一个交叉点:拐点是,加德姆家族与中国的联系交往在此时稍微"停顿"了一下,嫡系男性中没有人接棒,家族与中国的生意似乎也停止了,但这一状况为时不长,很快就由哈瑞的女儿出场担当起

杰弗里·霍沃思(1896—1987)(左)和
多萝西·加德姆(1901—1985)
图片由西蒙提供

家族与中国联系交往第三代人的角色——与他的夫君杰弗里两次访华,于是加德姆家族与中国的联系交往通过这样一种"停顿"与"转折"又接续上了;交叉点是,与中国有三代渊源的加德姆家族和与中国几乎没有什么交往的霍沃思家族在此时恰好"结合"并"链接"上了——加德姆家族的多萝西与霍沃思家族的杰弗里结为夫妻,霍沃思家族因此与中国"沾亲带故",随着第三代多萝西与她的夫君杰弗里两次访华,尤其是第四代安东尼·加德姆与第五代西蒙·霍沃思、第六代乔治·霍沃思中国事业的继续,两大家族开始携手与中国开展联系交往,从而接力续写出一个英国家族绵延六代人、持续142年的中国故事。难道不是吗?

既然是这样,那么正如菲利普·霍沃思爵士前面所讲,我想我们的中国故事是不是就可以先从多萝西与杰弗里的两次访华讲起了?我想是的,我们的中国故事就可以先从他们两人的两次访华讲起,因为这可是霍沃思家族与中国开展联系交往的最重要的开始啊。那么现在就让我们跨越时空二维,穿越天地两界去拜访多萝西,去拜访杰弗里,去到那个业已逝去的年代,去听听这两位老人是如何讲述他们自己的中国故事吧。

第4节　多萝西·加德姆的口述

1 "我们应该再跑去中国！"

非常高兴在沉睡了这么多年之后，还能够和我的自由绿色庄园，以及您——来自中国的记者和作家余坦坦先生，进行这样的一场跨代隔空对话，并来讲述我们当年的中国故事。如果在我们家族冥冥之中真有什么神奇的事情发生的话，那我想就是我儿子菲利普刚才在口述中所说的"深深储存在我们家族血液中的与中国友好交往的基因此时正通过西蒙和我的孙辈们在发挥它遗传友情与链接友谊的巨大而神奇的作用"这件事。这件事以及由此而引出的我们家族的中国故事是如此神奇如此有趣以至于吸引了两国人民的好奇目光，并在两国的政府和民间都掀起了波浪。所以即使你们不请我们来讲我们的中国故事，我们也会通过冥冥之中的那股家族力量让菲利普让西蒙让乔治去讲，事实上也正如你们所看到的那样，他们也已经开始讲述了。但由于他们并不是那些故事的真正当事人，所以所讲所述就未必权威也未必确当，因此我们也非常乐意接受你们的邀请来为大家亲自讲述，这样的话一个英国家族几乎被历史烟尘遮蔽掩埋的中国故事就能够以更加权威更加准确的方式被重新挖掘整理出来，并以口述或文字的形式呈现给大家。

和那个时代的绝大多数西方人士不同,除了好奇心、新鲜感以及对东方风情与古老文明的向往之外,我的丈夫杰弗里和我都对中国不抱偏见并且怀有好感,甚至怀有某种尊敬的情愫。这种友好与尊敬的情愫有多少来自我的父亲甚至我的祖父似乎难以一言以蔽之,但它一定是源于我们家族与中国长期友好交往的漫漫长河,这一点我想是确定无疑的。所以当我们跑了苏联跑了加拿大跑了美国跑了冰岛跑了以色列跑了匈牙利跑了土耳其尤其是在1960年和1961年又连续两次跑了苏联之后,有一天,我突然对杰弗里说:"嗨,我们是不是也应该再跑去中国!"我记得杰弗里当时几乎是毫不犹豫并且非常愉快地就回答了我:"当然,我们应该再跑去中国!"并且接着还意味深长地加了一句:"就像当年你父亲和你祖父所做的那样!"我们就这样一拍即合,确定了第一次前往中国的行程,时间是1963年。

2 "共产主义铁幕"全然不见

我们是在1963年4月11日出发踏上前往中国的旅程的。我们先飞往伦敦,再飞往莫斯科,再从那里飞往北京。到达北京的第二天我们就飞往了武汉——中国中部省份湖北省的省会,之后又到了广东、杭州、上海、南京、济南等几个地方。整个旅程安排得十分紧凑和圆满,历时23天。由于您所知道的原因,那个时候正值东西方对峙的冷战时期,所以我们一行——一个 12 人的小小旅行团,其行程、接触范围和旅游景点都是经过一定限制与筛选的,所以我们不可能像现在西蒙和乔治在中国城乡访问和旅行时那样随心所欲,但即使是这样我们也还是看到了我们想看到的大部分东西,尤其领略了中国人民对我们的友好与热情,而后一点是令我们深有感触并终生难忘的。

那时候的中国从官方到民间似乎都对西方充满戒心和怀有敌意,但从我们所接触到的中国人那里,无论是海关工作人员、空姐还是官方安排的翻译导游,也无论是我们在景点随时碰到的市民还是参观公社或学校时的接待人员,从他们那里我们都看不到任何的戒心和敌意。恰恰相反,无论我们走到哪里,迎接我们的都是笑脸,走在大街上,好奇的人们甚至会围过来和我们笑着打招呼并说说话,西方媒体描述的"共产主义铁幕"形象在我们此次旅行所经历的地方和所接触所交往的人当中都全然不见。这一点不仅令担心我们旅行能否顺畅安全的英国亲朋好友们难以相信和理解,也让杰弗里和我大感意外。如果不是亲身经历亲身感受,我们对此也难以相信难以理解。但这的确就是初访中国给我们留下的真实印象,也是我们初次接触到的真实的中国与真实的中国人民。我们对中国由于受西方媒体影响而部分先入为主的印象和感觉因此大为转变,并且对中国和中国人民产生了更深的好感和敬意。当我们结束此次旅程即将离开中国时,我甚至想说:"中国,我喜欢上你了! 中国的人民,我也爱上了你们!"如果当时在机场我真的禁不住大声说出这样的话来,我想我一点也不会感到意外,我的丈夫杰弗里应该也不会感到意外。

3 "武汉的天气很热……"

由于我的孙子西蒙最近在武汉兴办了公司,武汉也被他视作自己的"第二故乡",所以在此我就想重点谈一谈武汉,也谈一谈我们那次在武汉旅行的一些情况。

我们是坐飞机从北京飞到武汉的,在我们抵达武汉23年之后,我们的曼彻斯特与武汉结为了友好城市。之所以提起这一茬儿,是因为我觉得武汉这座城市与曼彻斯特有着非常多的共同点,比如曼彻斯特是英国也是世界工业革命的发源地,武汉则是中国乃至亚洲近代工业的摇篮;武汉位于中国的中部,是中国重要的交通枢纽,而曼彻斯特也几乎位于英国的中部,同样也是不列颠岛的一个交通枢纽;曼彻斯特是英国的工业中心之一,而武汉也是中国的工业中心之一;曼彻斯特还是英国第二繁荣的商业中心,而武汉的商业在中国也是名列前茅的,等等。而现在曼彻斯特和武汉之于我们家族最大的共同点就是:第一,它们居然穿越历史风云跨越千山万水结为了友好城市;第二,这两座城市都承载了我们家族过去的和现在的事业的一个部分——我们夫妇的生意曾经在曼彻斯特,而西蒙的康倍达(武汉)生物科技有限公司现在就在武汉。这是机缘巧合还是命中注定？这是纯粹偶然还是历史必然？我更愿意相信这是后者而非前者。

"武汉的气候很热……"这是我在《迄今为止》一书中提及武汉时写下的第一句话，也是武汉留给我的第一印象，尽管我们抵达那里的时候天气并不是很热。我现在重新提及这句话的用意是想说武汉的人民其实很好客且富于热情，这在我们当年的武汉旅行中已经被切身领会了，而我的孙子西蒙也说他最近在武汉受到了极为热情友好的欢迎与接待，常常被当地的人用白酒灌得浑身直冒热汗。这正是武汉人表达热情与友好的方式，所以现在在讲述武汉的时候我才又说起"武汉的气候很热"这句老话。的确，我们在武汉受到了热情的接待，我们被安排参观了武汉长江大桥、武汉钢铁公司、武汉大学，我们被邀请观看歌舞表演，还在东湖旁边的一个小餐馆吃午饭，之后又去东湖坐船。总之，用一句现在人们常说的话来说，就是我们在武汉玩得很"嗨"。但有一件事情让杰弗里和我至今也弄不明白，那就是有一天当杰弗里和我买了一挂香蕉准备送给一群总是围拢在我们身边的孩子们时，结果却遭到了他们的拒绝，无论我们如何表达真诚与善意，他们就是不要，哪怕是一根香蕉也不要。中国当时并没有小费一说，也许孩子们把香蕉当成我们给他们的"小费"了，但这仅仅是我们的猜测而已，真正的原因是什么我们其实也不知道，看来要想真正解开这个"武汉之谜"就只好等西蒙下次再去武汉的时候努力地做一些尝试了。

4 第二次中国之行带有明显的"政治意图"

我们第二次去中国是在1967年,之所以时隔4年之后再去中国,是因为我们在我们的报纸上看到"文化大革命"在中国开始了。当时由于苏联的扩张和中国革命的成功,左翼运动在世界范围内风起云涌并给世界带来巨大的改变,而中国的"文化大革命"恰恰带有"左"的色彩,所以我们就决定再到中国去实地看一看,看一看这场革命究竟会给中国带来哪些改变。因此,此次的中国之旅与上一次的就有明显的不同:上一次纯粹是为了旅行而旅行,当然背后也有家族血液中与中国友好交往基因的推动;而此次旅行则带有了明显的"政治意图",尽管没有任何人也没有任何机构和组织授意或指使我们这么做。于是在那年8月的一天我们就前往伦敦,然后又飞往巴黎,在那里我们乘坐一架法航航班飞往了上海。在上海,我们果然看到一切都被改变了,与我们4年前所看到的上海截然不同,上海陷入了"红海洋",当然随后我们前往的城市情形也大致都一样。对于中国的这种突然改变,说实话我们当时也难以做出适当的评价,更不要说做出什么价值判断了。唯一能让我们做出判断的就是1963年时的中国还是一个充满笑脸的中国而1967年的中国则变成了一个"怒气冲天"的中国,至于它为什么由充满笑脸变成了"怒气冲天",作为一个英国人,当时我的确是无从知晓。然而与这种

"怒气冲天"形成鲜明对比的是,对于我们,对于我们这个从遥远英国而来的8人小小旅行团,所有中国人却仍然都像1963年我们第一次来到时的那样充满了笑脸也充满了友好。3周的旅行中,我们先后到了上海、济南、北京、哈尔滨、杭州等地,在这些地方当我们独自出行时,不管是散步、坐人力车游览还是在北京的北海公园划船,到处都能遇见非常善良友好的人。这也再一次让我们感到惊奇与难以理解:这个国家在愤怒,这个国家的人民对于以"美帝国主义"为首的西方世界也怒目而视,但对于我们这一小群从西方来的游客却笑脸相迎,当做贵宾和朋友款待。父亲在世时经常给我讲"神秘的东方"和"东方的神秘",此次我们在中国的所见所闻,让我们真正体会到了什么是"神秘的东方"和"东方的神秘",体会到了一种在我们当时看来多少都难得其解甚至是百思不得其解的一些事情,而这正是我们所见识到的中国。

5 丰富的"中国遗产"

两次中国之行为我们家族又留下了一笔丰富的"中国遗产":旅行结束后回到英国,我撰写了《中国女性》等文章在英国的一些报刊上发表,我因此甚至成为了英国媒体竞相约稿的"中国通",加德姆家族与中国再次"挂上了钩",霍沃思家族也因为杰弗里的参与而从此开启了他们的"中国时间";我们拍摄了一部45分钟的无声电影,记录了我们在中国的所

杰弗里(左中站立者)和多萝西的两次中国之行,为霍沃思家族留下了一笔丰富的"中国遗产"。图片由西蒙提供

见所闻所经所历，里面甚至拍到了一段中国一位家喻户晓的知名人物孙中山先生夫人宋庆龄在北京参加活动时的画面——当时我们碰巧也在那里，这些由一对英国夫妇站在个人视角拍摄的珍贵画面也许是那个时代独一无二的亦未可知，我们希望有朝一日它能够在英国和中国的屏幕上重见天日，为当代的人们观察认识那个时代的中国提供一个独特的窗口；那些珍藏在自由绿色庄园老宅阁楼皮箱里的图片、日记以及各种实物是我们两次中国旅行的珍贵记录和宝贵收藏，是不可复制不可多得的历史遗存，数十年来一直都躺在那里期待着被人发掘，所幸今天终于被西蒙发掘了，并且被部分带往了它们的"出生地"中国，与它们真正的主人中国人民见了面，由杰弗里和我书录的中国故事由此而广为人知，这是杰弗里和我在天之灵感到最为庆幸也最为慰藉的。

怎么样，这些故事听起来还有一点趣味，也还有一些历史的价值与现实的意义吧？这就是杰弗里和我经历的中国故事，也是我们蕴藏已久但一直都想讲述出来的中国故事。它属于我们来自的这个家族，也属于我们所处的那个时代，如今我们把它讲述出来了，就是希望我们家族的这些个人故事能够成为我们这两个伟大国家和两国人民共同的美好记忆。但愿你们能够喜欢，也但愿你们能够将它继续讲述出去，这样我们这个家族美好的中国故事就能够穿越时间跨越国界世代相传，一个家族和一些个人的"小故事"就有可能汇成两个国家两个民族的"大篇章",并最终构成英中友谊这部宏大叙事中的一部分。这正是吾之所愿,我想也正是汝之所愿。

谢谢你们的聆听!

也谢谢你们还能够记住我们!

Thank you very much!（非常感谢!）

第5节　家族记忆镌刻历史的天空

好的,非常感谢多萝西老人同样精彩同样丰富也同样充满热情、激情与深情的美好讲述。老人的讲述为我们展现了上个世纪60年代一对英国夫妇探访"共产主义中国"时所看到的历史性画卷,尤其是她老人家在讲述中特别提到的那部45分钟的无声电影堪称是霍沃思家族中国故事中不可多得的一个奉献,具有极其珍贵的史料价值与特别重要的时代意义。我曾经在杰弗里夫妇为客人们播放这部片子的时候有幸欣赏过它优美神奇的画面,与其说它是杰弗里夫妇的一段"中国记录",毋宁说它是霍沃思家族永远的"中国记忆"。如果不加技术处理的话这种记录或许会随着时间之水的冲刷而变得模糊,但有关中国的"多萝西记忆""杰弗里记忆"甚至"霍沃思家族记忆"却将永远地镌刻在这个家族乃至于这两个国家的历史的天空。难道不是吗?

第 6 节　克里斯托弗·霍沃思的口述

1　给弟弟西蒙起了"中国人"这个雅号

既然讲到了这里,那么我想我们就该请菲利普·霍沃思爵士的长子也就是克里斯托弗·霍沃思出场了。之所以在这个时候请他出场,是因为他的祖父母从中国第一次旅行回来后不久他就给弟弟西蒙起了"中国人"这么个雅号,家族的人因此都说西蒙是一个"中国人",而西蒙自己也一度认为自己就是一个"中国人",这样一件事无疑又强化了霍沃思家族的中国色彩,也最终改变了西蒙·霍沃思的人生轨迹。那么这究竟又是怎么的一回事呢?且让我们来听听克里斯托弗的讲述。

"中国有 7 亿人口,是世界上人口最多的国家,人口数量占世界人口总数的四分之一,世界上每 4 个人中就有 1 个人是中国人。"祖父母第一次从中国旅行回来之后,经常给我们讲他们在中国的所见所闻,其中经常谈到的一点就是中国"是世界上人口最多的国家""人口数量占世界人口总数的四分之一"。当时英国本土的人口只有 5400 万左右,还不到中国人口的十二分之一,即使加上我们的殖民地和海外领地,我们的人口数量也与庞大的中国相距甚远,因此祖父母经常谈

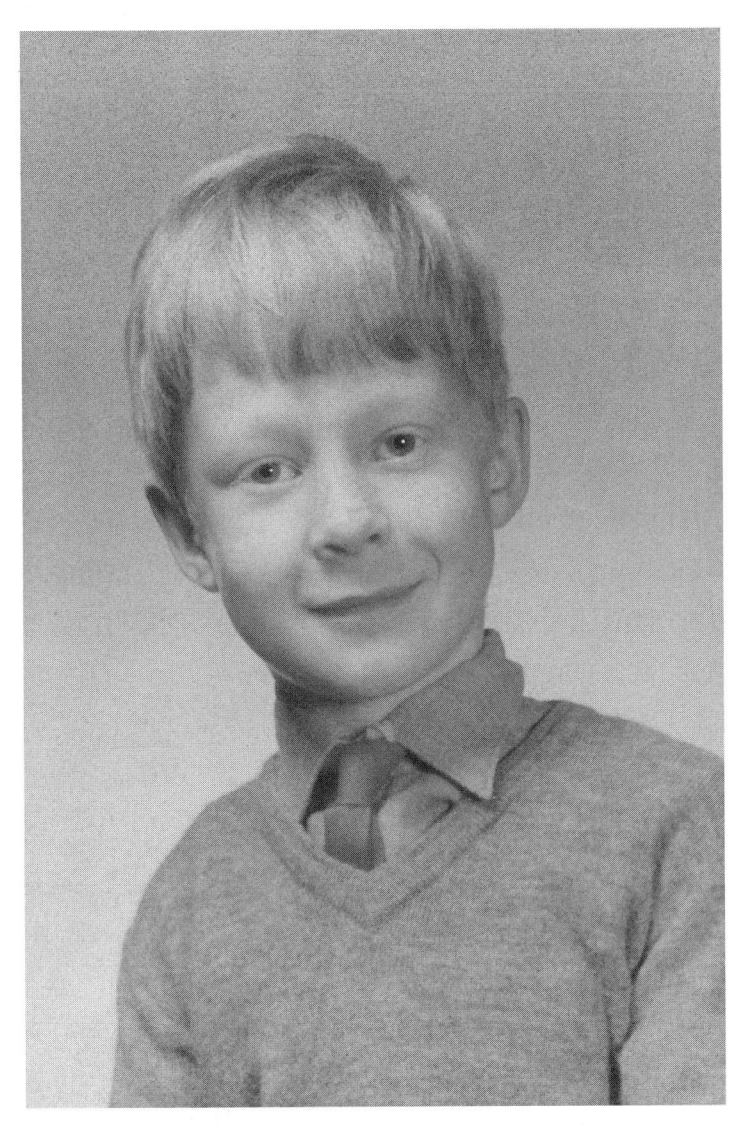

"中国人"西蒙　图片由西蒙提供

到的这一点就给我留下了十分深刻的印象,以至于我对于中国人口之多常常感到惊叹。

大概是 1965 年的一天,我们几个小孩正在家里的花园里玩耍,看见弟弟西蒙在草坪上奔来跑去,我突然灵感一现。"嗨,我发现你原来是一个'中国人'!"我用手指着西蒙大声地喊。"为什么?我不明白你在说什么?"西蒙停下奔跑的脚步,满脸诧异地望着我。西蒙尽管那时候只有 4 岁,但语言的表达能力还是相当完备,就像他现在所具备的表达能力一般。"因为世界上每 4 个人中就有 1 个人是中国人,我、简还有马克都是英国人,而你是我们家的老四,也就是我们家小孩中的第四个人,所以你就是一个'中国人',你也必须是一个'中国人'。"我一本正经煞有介事地对他讲,口气中完全没有玩笑的成分,所言所语似乎都是经过思考而得出的科学结论。其实当时我也只有 14 岁,对于祖父母说的"世界上每 4 个人中就有 1 个人是中国人"这句话在逻辑上我还很难做出合理的分析和推断,只是按照简单的数学法则照此类推机械地认为世界上每 4 个人就一定有 1 个人是中国人,而西蒙正是我们家的第四个孩子,按照"世界上每 4 个人就一定有 1 个人是中国人"这种算式,所以我认为他就应该是一个"中国人"。

我记得当时西蒙呆在那里傻傻地望了我半天,其他两个弟妹也做出惊诧的表情,然后就听到西蒙自言自语地说道:"哦,原来我是一个'中国人'!哦,原来我是一个'中国人'!"然后又听到其他的两个弟妹也哈哈笑着指着西蒙大声喊:"啊,你是一个'中国人'!""啊,你是一个'中国人'!"就这样,从那一天起,西蒙就成了我们家里的一个"中国人"。

2 "中国人"西蒙

在之后很长的一段日子里,我们据此都认为西蒙就是一个"中国人"。中国人长于算术——今天英国中学普遍采用中国的数学教材就证明了这一点,所以每当看到西蒙在做算术题的时候,我们就说:"嗨,你看,这个'中国人'在做算术题!"中国人也长于钢琴——今天郎朗风靡世界也证明了这一点,所以每当看到西蒙在弹钢琴的时候,我们就说:"嗨,你看,这个'中国人'在弹钢琴!"我们就这样称呼他——"中国人西蒙",一次又一次反反复复地这样称呼他,而我们的祖父母和父母对此也不加以纠正和反对甚至还给予开心的默许,以致于西蒙真的认为自己就是一个"中国人"了。就这样一直到他10岁的时候,西蒙都一直以为自己真的就是一个"中国人",久而久之,"中国人西蒙"甚至成了我们这个家族一个约定俗成习以为常老少皆知的名字。

"西蒙是一个中国人"这件事就这样成为了我们家族乃至于皮弗一带纳茨福德一带一个十分有趣也十分著名的中国故事,许多人都知道了这个中国故事也"认可"了这个中国

西蒙身着汉服,与武汉生物工程学院学生在一起。余坦坦/摄

故事,许多人也似乎相信了菲利普·霍沃思爵士家里有一个孩子西蒙确实"是"一个"中国人"。

现在看来这个故事虽然只是一个小孩子与兄弟之间的"家庭玩笑",但它却进一步加深了我们这个家族的中国情结,也进一步拉近了我们这样一个传统英国家族与古老东方中国之间的距离,从而加深了我们家族与中国人民之间的感情基因,进而促进了我们的家族成员与中国之间开展进一步交往的兴趣与信心。当然,这个故事最重要的一个结果还是使我们的西蒙在2008年的时候将他未来人生的方向和事业的重点最终投向了他的"第二故乡"中国。这是我当初给他起这个雅号的时候所不曾想到的,估计也是他当初接受这个雅号并长期享用这个雅号时未能预料到的。当然,若从我们家族血液中深深储存着与中国友好交往的基因这一点上来看,西蒙今天选择中国是迟早的也是必然的。

3 家族基因塑造了西蒙的"中国情趣"

哈哈,这真是一个有趣的中国故事,一个听起来充满了英式幽默的中国故事。Thank you very much(非常感谢),我亲爱的克里斯托弗先生,未来的从男爵大人,也是我未来的庄园主人! 不过在听您讲述了这个故事之后,我倒有一个问题想与您探讨,那就是如果我说是您的那个"中国人"的雅号潜移默化地培育了西蒙对中国的向往与爱好,甚至最终塑造了西蒙的"中国情趣""中国性格"乃至于"中国形象",您觉得我的这种说法是否妥当呢?

克里斯托弗·霍沃思:嗯——,我想是的吧。嗯——,我想您也可以这么说,当然我认为还是我们家族与中国人民之间曾经友好交往的那种感情基因才是最终塑造西蒙具有"中国情趣""中国性格"乃至于"中国形象"的关键所在。的确,我给他起的这个雅号在他的童年时代甚至在他成人成年的长久时间里对培育他的那些"中国情趣"、塑造他的"中国性格""中国形象"都起了潜移默化的推动作用,正如您刚才所说的那样。所以站在这个角度,我也完全认同您的这种说法。

哦,Thank you very much!(非常感谢!)非常感谢您充满趣味的生动讲述,也谢谢您能够认同我的这种说法。再次感谢您,我亲爱的克里斯托弗!

第7节 亨利·加德姆的口述

1 由我一手"编织"的中国故事

本章里,我们已经讲述了自由绿色庄园的来龙去脉和故事,讲述了霍沃思家族的来龙去脉和故事,也讲述了杰弗里夫妇两次中国之行的来龙去脉和故事,还讲述了"中国人西蒙"的来龙去脉和故事,那么现在我们是不是就应该追本溯

亨利·加德姆（1835—1905） 图片由西蒙提供

源寻根问祖,去到更悠远更深邃的历史深处,去拜望这个家族所有中国故事的始祖亨利·加德姆,请他老人家来讲一讲这个家族与中国友好交往的来龙去脉和故事呢?或者套用你们中国现在最流行的一句话请他讲一讲"why he started？"直译成中文就是"他为什么开始？"也可以解作"初心"的意思吧?说到这里,哎,我仿佛就已经听到了老人家在历史深处召唤我们的声音。是的,没错,老人家在召唤着我们呢!那么好,就让我们赶紧躬身过去吧,去穿过那漫漫的百年时光,去到他所在的那个"光辉岁月"[20],去听一听这位曼彻斯特老人亲口讲述他开初与中国交往的古老故事。

亲爱的中国朋友,亲爱的自由绿色庄园,你们好!

很高兴你们能穿过100多年的时光隧道,来到曼彻斯特,听一位假如长生不老则已经181岁的历史老者也就是我——亨利·西奥多·加德姆,讲述一段142年前由我一手"编织"的中国故事。

也许你们已经注意到了,在这里我使用了"编织"一词,同样我想你们也许已经听说过了,加德姆家族继之以霍沃思家族由我开始的中国故事是从丝绸开始的,而丝绸是"编织"出来的,与丝绸有关的中国故事同样也是"编织"出来的,所以我就使用了"编织"一词。编织丝绸,编织贸易,编织信任,编织友谊,我认为"编织"这个词最能形象地反映我们家族这个中国故事的内容和形式,所以在讲述有关中国的故事时,我自然而然地想到了也非常乐意地就使用了"编织"一词。

2　丝绸——伟大的中国品牌

说到丝绸,我首先要向中国表示最崇高的敬意!因为丝绸这种现在由蚕丝或合成纤维、人造纤维、短丝等织成的纺织品曾经是中国古代最伟大的发明之一,也是中国几千年古老文化的特殊象征,对促进人类文明进步和社会发展做出了迄今为止无人企及亦不可磨灭的伟大贡献。尤其是从古罗马时代起中国的丝绸就开始通过一条西域通道被不断地大批运往世界各地,当然也包括我们欧洲甚至古代英国,从而开启了人类历史上第一次东西方大规模商贸交流的先河。这一人类历史上的壮举后来被德国地理学家李希霍芬[①]称为"Die Seidenstrasse",我们英国人则叫它"the Silk Road"("丝绸之路"[②]),也就是一条从中国通往西方的大路,中国也因此被我们亲切地称为"丝国"。当现在的人们趋之若鹜不惜金钱地去追逐那些所谓日本名牌美国名牌法国名牌英国名牌意大利名牌的时候,你们知不知道,千百年来全世界的人们却都在追捧一个名叫"丝绸"的中国特产和世界品牌,无论是王公贵族还是平民百姓,也无论是富人还是穷人,他们都以能拥有一件这样的名牌产品而感到骄傲与自豪。丝绸,就是这样一件中国人民奉献给世界人民的伟大发明与伟大产品,所以在此我要向中国也要向中国人民表示我内心最真诚的敬意!

3 世界工业革命"发源于"中国

大家都知道世界工业革命,并且全世界的人都认为是英国人最先发起了这场改变世界发展方向和人类命运的伟大革命,但如果我说这场革命实际上"发源于"中国,是中国人推动英国人最终发动了这场革命,我想许多人甚至包括你们中国人都会感到十分的意外。然而事实也许还真是我所说的那个样儿呢,至少在我这个丝绸商人看来事实就是那个样儿!

眼镜跌掉了是不是?呵呵,不要紧,请捡起您的眼镜吧!并且来听一听我为什么要做如是说。

李约瑟博士㉑你们都知道吧?英国著名的科学家,也是中国人民的老朋友。他有一个重要的观点,认为除了蚕桑技术,缫丝和丝织提花技术也对西方的纺织技术产生了重大的影响。他在《中国科学技术史》一书中列举了以26个英文字母为开头的中国对世界有贡献的科技成果,其中包括F——提花机与水平织机、G——缫丝机、纺丝机和并丝机。其中丝绸提花的原理,也就是将花纹图案通过综片与踏杆的配合或通过编制花本的方式储存信息并将其转化为提花程序的过程包含着深刻的数学思想,传入欧洲后不仅对欧洲丝织技术的发展产生了极大影响,甚至对近代电报通信技术乃至计算机原理的发展也产生了极大影响。当年欧洲正是因为吸取了这些技术才使它们本身的纺织技术有了很大提高,从而导致许多机械的革新。也正是在这个基础上,近代欧洲当然主要是英国的纺织工业革命才有可能兴起,而众所周知英国工业革命正是从纺织工业革命开始的。怎么样,这样看来,我说"世界工业革命实际上发源于中国"就并不是信口雌黄吧？其实在做丝绸贸易之前我是一个纺纱机代理商,所以结合自己的所见所闻与亲身实践,对于英国的纺织机械因受到中国提花技术的影响而得到了进一步的改进和发展这一点我似乎比李约瑟博士更有发言权。

4 家族的商业禀赋值得在曼彻斯特发展史上写一笔

曼彻斯特正是这场纺织工业革命也就是英国工业革命的发源地,而我后来就在这个世界工业革命发起的地方与中国做着丝绸贸易！"世界纺织之都"曼彻斯特与丝绸发源地中国因丝绸技术而"编织"起来了国家联系和机械缘分,曼彻斯特的丝绸商人亨利·加德姆也就是我因与丝绸发明者中国人做丝绸贸易而"编织"起来了个人联系和利好缘分,似乎就是顺理成章天注定的事情了。

诚如我的曾外孙菲利普在此前的讲述中所说的那样,我们加德姆家族在英国乃至于在欧洲都有着辉煌灿烂的历史,家族的谱系甚至可以追溯到 500 多年前的公元 15 世纪。我们家族因人才辈出而成为一方望族,尤其是在商业运作方面有着非同一般的特别禀赋,这种禀赋甚至在作为英国工商业中心的曼彻斯特城市发展史上也有值得为它书写一笔的地方。

5 1875年开始做丝绸贸易

关于我们家族和我个人的一些情况,我想我的长子在 *Henry Theodore Gaddum: His Forebears and His Family*(《亨利·西奥多·加德姆:他的祖先和他的家族》)一书中已经做了充分的介绍,在此我就不想费口舌了。现在我就直奔主题,讲一讲我与中国做丝绸贸易的那些事情。

随着1764年珍妮纺纱机的发明使用,工业革命在曼彻斯特蓬勃兴起,经过100多年的迅猛发展,至我在曼彻斯特经商的时候它早已发展成为世界第一的"棉都""纺都"和英国的"北方之都""仓库之城",当然啰,它也自然而然成为了世界各地首先是英国纺织业商人们的极乐之土。而随着1840年"第一次英中战争"也就是"通商战争"[③]的结束,中国对外开放的大门在实行了多年的海禁之后被英国的坚船利炮所打开,丝绸交易再一次由政府控制下的朝贡贸易变为直接进行货物交换买卖的对外贸易,生丝与丝绸产品开始大量销往欧洲,当然首先是大量销往我们英国。

如前所述,之前我是做纺纱机生意的,是一名纺纱机代理商，经营着几家英国品牌的纺纱机，产品除销往欧洲之外也销往东亚地区和英国的殖民地印度等地。当时英国的纺纱机非常牛，早在我1836年出生之前，我们的前辈哈格里夫斯发明的手摇多锭纺纱机、阿克莱克发明的水力卷轴纺纱机、克隆普顿发明的走锭精纺机、卡特莱特发明的水力织布机就已经行销英国甚至行销世界了。1800年英国棉纺业就基本实现了机械化，随着瓦特改良的蒸汽机开始用作纺织机械动力，到1830年英国整个棉纺业已经基本完成了从工场手工业向以蒸汽机为动力的机器大工业的转变。我就是在这样一种历史背景和经济环境下跻身纺纱机代理商行列的，由于我经营的产品很牛，加之加德姆家族天生遗传的商业头脑，应该说我从这个行业里赚到了我想要赚到的足够多的钱。然而在1875年新年的第一天，也就是我41岁的那个时候，我却做了一次生意上的重大转行：停止了我的纺纱机代理业务而创办了一家全新的公司——H.T.加德姆公司（H.T.Gaddum & Co.）。创立这家公司做什么用呢？就是专门与中国做丝绸贸易！如果说以前我还只是间接与中国联系交往的话，那么从1875年1月1日起我就开始直接与中国打交道了：通过文书、合约、信件、证书直接与中国人洽谈贸易，通过设在香港、上海甚至汉口的贸易机构、洋行钱庄直接购买中国的丝绸制品等。总之，以前我和中国是遥遥相望招手致意，而这时我则是第一次与中国凝眸对视，我的手也是第一次真切地握住了中国人的手。更张之初我们还在原来的地方办公，但随着丝绸业务的逐渐繁忙与日趋稳定,我就将H.T.加德姆公司搬到了一个新的地址——布朗街57号。

瞧,我们家族六代人与中国友好交往142年的中国故事就这样掀开了它的第一个篇章!正式开始的时间也请你们记住,是公元1875年1月1日。这一年是你们国家历史上清朝的光绪元年,这一天则是英国布莱克本足球俱乐部成立的日子。对了,这一年对于中国还有一件具有里程碑意义的大事可提,其实对于英国同样也是一件值得称道的大事情,那就是在这一年的8月份,你们的清政府做出了首次派遣驻外使节的决定⑤,出使地正是我们英国伦敦。加德姆家族的人决定将生意做到中国,中国政府则准备将第一位驻外使节派到英国,嘿嘿,瞧,本来不相干的两件事情按照你们中国人的说法就这样"都赶上趟了",双向互动,交叉进行!难道这仅仅是机缘巧合?

至于为什么要停止驾轻就熟的英国纺纱机代理业务而转向当时还并不十分熟悉的中国丝绸贸易,这样重要的商业决定显然不是我茶余饭后坐在鲍登绿道上我的"OAKLEY"("奥克利")大宅里拍拍脑袋就能够轻易决定的,其中必定有某种深层次的考虑和原因。其中一个重要的考虑是,我觉得随着对外开放的大门被逐渐打开,中国势必成为世界上最大的一个商品市场,如果我能够在这个时候捷足先登,必然会赚取丰厚的利润回报。作为商人,这是我首先考虑到的,也是我必须优先考虑的。然而除了利益方面的考虑之外,还有一个重要的原因也促使我最终将目光投向中国,这就是我对东方文化当然首先是中国文化越来越浓厚的兴趣和向往。如您所知,中国丝绸以卓越的品质、精美的花色和丰富的文化内涵而享誉世界,当差不多两千年前它们沿着古"丝绸之路"传向欧洲时,所带给我们的不只是一件件华美的服饰、精湛的饰品,更是东方古老灿烂的文明。对于这种以丝绸为象征和代表的东方文明,我们当时充满了期待和向往,我期待能沐浴这华彩文明的阳光,也期待我的家人能与我同享,我更期待将这种文明更多地带到欧洲,使它能够在我们的土地上放射出同样的光芒。假如你们认为英国商人还算是世界上有文化有绅士风度也足够诚实守信的商人的话,那么就请相信我说的这一番话吧!我不能保证英国的商人都是这样,但我至少可以保证加德姆家族的商人们都是这样,尤其我亨利·西奥多·加德姆——加德姆家族中第一个和中国人打交道的人,就是这个样儿!

  我与中国之间的丝绸贸易做得很好,一直都做得很好!其中一个很重要的原因是我选择了 Jardine Matheson(怡和洋行㉟)做了我的生意伙伴和事业顾问。你知道这可是一家对近代中国具有十足意义的洋行啊,而在很长的一段时间里我的公司和它都有着一个共有的联合账户,而这个联合账户就由我来负责管理,我就是运用这个账户从中国的江浙进口蚕茧和丝绸产品。毋庸讳言,通过丝绸贸易,我从中国赚了不少钱,并且结交了中国朋友。你想,既能赚到不少钱又能享受古老中国带给我的荣光,这该是一件多么体面多么美好也多么愉快的事情啊!而利益关系,文化向往,或许就是我们家族百年来与中国联系交往不断线的根本原因之所在吧。

遗憾的是我和我的曾外孙菲利普一样也未能亲自前往中国,不过令我聊以自慰的是,和菲利普一样,借助于儿子哈瑞的脚和手我也终于"到过了"中国。

6 "丝绸之路"的西方一端

在即将结束这场讲述的时候,我想回到我讲述的起点,那就是"丝绸之路"。如前所述,丝绸之路是一条从中国通往西方的大路,它从中国的古都西安出发,经河西走廊到达中亚、西亚,并连接地中海各国以及古代罗马乃至于欧洲列国,而英国就是它在欧洲的终点之一。如果说丝绸之路是一条环绕地球连接世界的彩带,它的东端也就是起点攥在中国的手里,那么我想它的西端也就是终点就应该握在英国的手心,当这两只大手协作挥舞的时候,丝绸之路的彩带就会在世界范围飘扬起来。试想一下那将是怎样壮美的一个场景?令我感到十分快慰的是,这个十分壮美的场景今天正在变成美好的现实:当2013年10月2日习近平主席倡导建立亚洲基础设施投资银行[②]时,英国很快响应并成为首批意向创始成员国;而2017年1月18日从中国浙江义乌出发的首列中英直通货运列车沿着21世纪新辟的"丝绸之路经济带"经过18

天的行程终于抵达了它的新的终点——东伦敦的巴金车站,为英国人民带来数十个装有服饰和日用品的集装箱,与此同时更多的货物正从遥远中国沿海的一个个港口出发,搭乘着一艘艘万吨十万吨几十万吨甚至百万吨级的巨型货轮,沿着"21世纪海上丝绸之路"漂洋过海来到欧洲来到英国……丝绸之路这条华美的彩带已经在英中两国人民共同挥舞的手臂间飘飘飞舞了起来。

这里我想说的是,站在丝绸之路的西方一端,眺望丝绸之路的东方一端,此时讲述我们这个家族与中国这个丝绸古国的丝绸故事的确有着非比寻常的特殊意义。它表明100多年前英中两国的人民就已经历经风雨而最终携手共进,又表明100多年后英中两国的人民将再一次地携起手来共同驾驭时代的浪潮。而我作为我们这个古老英国家族中国故事的首写者,此时我站在100多年前的历史深处,审视100多年来以至于今天我们这个家族一代又一代成员与中国的联系交往和友好相处,乐见他们有幸成为这历史风云下的先行者、时代浪潮中的守望者并致力于成为风云时代英中两国联系交往的搭桥人,我感到非常地幸福也非常地自豪。假如说我们家族的中国故事真有什么现实意义的话,那么我想通过互利共赢的经济纽带使英国特有的合作、妥协、契约精神与中国传统的中庸、内敛、包容品质相融合,从而播下友谊的种子,进而催生21世纪英中交好乃至西中交好的文明之花、和平之果、财富之树、幸福之林,就是这100多年来由加德姆家族首创、霍沃思家族继承延续的这个中国故事在今天的全部内涵和意义所在。

呵呵,关于中国,我就只能讲这么多了。接下来的故事,你们就去找哈瑞讲吧。哈瑞是我的大儿子,我让他在中国呆了两年多,因此相信他会有比我更直接也更亲切的经历和感受。

谢谢你们的倾听!

也谢谢你们的造访!

Thank you very much!(非常感谢!)

第8节　哈瑞·加德姆的口述

1　英国的生活不是那么快乐

真不愧是一位高瞻远瞩的历史老者啊,滔滔不绝大气磅礴的讲述给人启迪更令人震撼,不仅讲述了家族的中国故事,还讲述了世界历史进程中的英国故事和中国故事,内容讲述之丰富远远超出了家族范围。就让我们对亨利·西奥多·加德姆先生致以崇高的敬意与诚挚的谢意吧!

子承父业是人作为生物的一种"基因惯性",也是人类社会的一个悠久传统,所以当亨利·加德姆老先生"不远万里"开创了自己家族的中国事业时,作为其长子的哈瑞·加德姆也就自然而然地成为了发展并继承这一事业的当然人选。而

哈瑞·加德姆(1865—1940)图片由西蒙提供

事实呢也正是如此：1887年，年仅22岁的哈瑞·加德姆听从父亲的安排，远涉重洋来到距离曼彻斯特有数千英里之遥的中国江浙一带，在怡和洋行设在上海的一个丝绸商贸部门学习经商，两年之后才返往英国。那么，他在上海的日子都过得怎么样呢？他在那里都看到了什么学到了什么又想到了什么呢？作为一个年轻气盛的英国人，他独自一人背井离乡身处异域又会有着怎样的东方经历和中国故事呢？现在就让我们也去听他讲一讲吧。

我在那里过得很好！在中国的日子，就是我一生中最为快乐的日子！

亲爱的自由绿色庄园，之所以要这样开始我的讲述并且要这样回答您的问题，是因为在我前往中国之前甚至在我回到英国之后，至少是有那么一段时间吧，我在英国的生活可以说过得并不是那么的快乐。

"在欧文的时候，我想，是我生命中最不满意的时候。"

"那时候我已经很久没有学习主动性了，以至于从我的教育机会里我只学到了很少的东西。"

"（我）的确错失了同窗之谊以及学校关于'走正道'的传统教育。"[20]

以上这些话，就是我对去中国之前我的学习和生活状况的一些描述。很沮丧吧？

2 漫长的旅程

然而转机就发生在我前往中国之后。

1886年11月11日,我乘船前往中国。也许是为了锻炼我但更多的可能是为了让我过得更加开心,父亲和他的一个老朋友也是合作伙伴老凯斯威克先生做了一个安排,让我去与H.T.加德姆公司有着多年联合账户的怡和洋行设在上海的一个丝绸部门做一份见习的工作,目的其实是让我学习经商,于是我就整装出发了。正常情况下从英国乘船出发到我的目的地上海至多也就要1个月左右的时间,然而航行中间却出了一些岔子,在绕了一个大圈子之后我才来到当时已经被割让给英国的香港,并在那里滞留了一周的时间,然后又从香港"途经"广东赶往我的目的地上海。这里之所以要强调是所谓的"途经",是因为我在广东一呆就是3个月,确切地说是在怡和洋行的广东办事处又呆了3个月,这样直到1887年的4月我才到达我的最终目的地——上海。从1886年11月出发,到1887年4月到达,从曼彻斯特到上海的行程居然花了我差不多半年的时间,真是漫长的旅程啊!

3 "在中国的日子,就是我一生中最为快乐的日子!"

然而我很快就发现:即使再漫长再曲折再艰难的旅程,

如果能够来到中国来到上海那也是非常值得一试的，至少对于我来说是非常值得一试的。

尽管有父亲与中国长达12年的丝绸贸易作为铺垫，也尽管看了不少英国报章有关中国的文章和报道作为"预科"，比如像《每日环球记录报》㉙呀、《每日电讯报》㉚呀之类的，但说句实话，在我未来到中国之前，对于这个古老神秘的东方国度我还是怀有各种复杂的猜想甚至可怕的担忧，比如疾病呀战争呀甚至农民暴动什么的。总之，是既充满幻想也不无担心。然而当我真正来到上海的时候，这一切的担心就都化作退潮的海水离我远去烟消云散了，而曾经的幻想则变成了生动可爱的现实，它们几乎每天都拥抱着我包裹着我滋润着我，让我流连忘返乐在其中，曾经阴郁的生活一下子变得豁然开朗。

兴许是父亲的特意安排，或者是凯斯威克先生对我的特殊照顾，在上海我过得相当轻松随意，每月只需要学习和工作一周即可，剩下的三周时间基本上就由我自己随性安排。您知道我们英国人工作之余最喜欢运动，于是我就选择参加运动，参加那些在英国时没能好好参加的各种运动。我参加赛艇运动。我参加打猎运动。我尤其热衷于参加马球运动。马球发源于两千多年前的古代波斯，后来传入中国的西藏，"Polo"（马球）这个词就是藏语中"Pulu"一词的发音。马球后来传入印度，又由那里的英国人带回英格兰并在军队里很快流行，1875年也就是我父亲创办H.T.加德姆公司的那一年英国甚至为马球制定了第一部正式的规则,英国也因此成为现代马球运动的发源地。本以为只有在英国才会风行的这项现代运动,没想到在中国的上海也同样流行并受到追捧。您也知道我特别钟爱我的那匹名叫"Taffy"("太妃")的威尔士小马驹儿,而马球运动中使用的马正是类似于这种小马驹儿的小马或矮种马,所以我也爱屋及乌着迷似的喜欢上了这项运动。我参加各种比赛,我甚至不错过我能参加的每一场次的马球运动。我的球技越来越高,当然我的成绩也越打越好。我甚至成了一家名叫"the Concession Fire Brigade"("租界消防队")的俱乐部的会员,同时作为一名"the Light Horse Volunteers"("光马志愿者")我又从中获得了无尽的快乐。呵呵,您瞧,除了学习和工作之外,我在上海的大部分时光就是这样快乐幸福地度过的,没有了忧郁,也扫除了烦恼,有的只是快乐运动、运动快乐。所以当1889年8月接到父亲要我回国的通知而离开上海时,我的心里对于中国对于上海对于在上海这差不多两年半的快乐生活除了不舍还是不舍啊,然而我必须回到英国了,因为那里还有很多的事情等待我去做。于是在1890年的2月我就告别了上海告别了中国也告别了与我朝夕相处的中国同事和中国朋友,辗转日本回到了阔别3年零3个月的大不列颠群岛。不瞒您说呀,在我回到英国一段很长的时间里,我仍然沉浸于我在中国时的那种快乐和那种幸福的生活当中,有时候甚至还会产生某种幻觉乃至于错觉。而每每谈及在中国的学习、生活和工作的时候,我总

这是西蒙的儿子乔治·霍沃思在上海的生活画面，他笨拙地拿着筷子吃中餐的样子，是不是像极了120多年前他的祖辈哈瑞·加德姆？　图片由西蒙提供

是这么对朋友们说:"我从来没有享受过那么多!"是的,我从来没有像在中国那样享受过那么多!是的,虽然我不能保证每一个去中国的英国人都能够过得像我那么的快乐,但我在中国的两年半里的确过得就是这么快乐。这种快乐也自然而然地传递到我日后与中国的丝绸贸易上来,传递到我日后与中国人的交往上来,以至于与中国做丝绸贸易和与中国人打交道就成了我乐此不疲的一件事情了。

最后,我想再重复一下我开头说过的那两句话:"我在那里过得很好!""在中国的日子,就是我一生中最为快乐的日子!"以此作为我对中国这位伟大朋友一句发自内心的感谢吧!

Thank you, China!(谢谢您,中国!)

第9节 "这是一场完满的讲述"

好的!好的!
谢谢亨利先生!
谢谢哈瑞先生!
谢谢杰弗里·霍沃思爵士夫人多萝西女士!
谢谢菲利普·霍沃思爵士!
也谢谢亲爱的克里斯托弗先生!
谢谢你们的精彩讲述!
经过五位令人尊敬的先生与女士穿越时间也跨越空间的倾情讲述——其中三位是我的主人,我想霍沃思家族以及加德姆家族50年前以至142年前的中国故事就已经生动形象地展现在了我们面前。其中的许多故事以前虽有耳闻但更多的细节则是第一次知晓,另一些故事虽然耳熟能详但由当事人亲口说出又由我们现场聆听对于我们则还是头一遭。然而无论是曾有耳闻的旧事还是第一次知晓的新闻,都足以唤起我们对他们所经历的那个时代以及他们所演绎的那些故事最美好也最真切的刻骨记忆。尤其是其中的许多讲述既富含历史内容又饱藏哲理睿智,既大气磅礴又高屋建瓴,给人以知识更予人以启迪,让人所学匪浅更使人感慨良多。总之,这是一场完满的讲述,有关这个英国大家族的真的历史以及他们与中国联系交往的活的故事均和盘托出活灵活现。假如说我们真欲寻找"the Belt and Road"上活的标本,那西蒙·霍沃思先生发掘并延续的这个英国家族的中国故事无疑将是一个最佳的范例和选择。假如世界上真有什么英国的中国故事值得发表,并且在发表后还会受到欢迎的话,那么我认为便是这些自述[①]。

三代既往,口述备至,至此,我的工作亦大功告成。加德姆家族的丝绸贸易后来传给了杰弗里·霍沃思爵士与夫人多萝西的侄子安东尼·加德姆,也就是菲利普·霍沃思爵士的一个表弟,安东尼·加德姆则一如既往继续书写了家族里的中国故事,使这一绵延百年的英中故事老树发新芽再续新篇章。其后又有西蒙·霍沃思先生发扬光大,最终使这个家族的中国故事穿越历史的风云而登上了英中友好的大雅之堂,成为两国领导人都关注并感兴趣的一个焦点。当然,这焦点中的"焦点"自然还是我们的西蒙啰,他的中国故事似乎更有时代新意亦更具英伦风采。

欲知详讯,请看"剑桥报道"。

注释

①指《长江日报》2015年10月9日第3版刊登的关于西蒙·霍沃思家族中国故事的报道《"对于我和孩子来说,中国就是未来"》。

② *English Hours* 即亨利·詹姆斯所著《英伦印象》。

③参见亨利·詹姆斯著、蒲隆译《英伦印象》,百花洲文艺出版社2015年10月第1版,第155页。

④除大伦敦地区以外,英国的英格兰被分为34个郡、6个都市郡、47个自治市镇。都市郡(Metropolitan counties)是英格兰地区的郡级行政区划,目前共有6个都市郡,即大曼彻斯特、默西赛德、南约克郡、泰恩·威尔、西密德兰、西约克郡,涵盖了英格兰的大型都会地区。大曼彻斯特郡(Great Manchester)包括了曼彻斯特市等10个都市自治市。

⑤斌椿,满族旗人,1866年应中国海关总税务司、英国人赫德邀请,受中国清政府派遣,赴欧洲11国观光考察,成为中国清政府第一个跨出国门的官员,也是第一个被英国女王非正式接见的中国官员。

在英国观光考察时,曼彻斯特发达的棉纺织工业给斌椿留下了深刻的印象,他在回国后写成的供朝廷参考的《乘槎笔记》

一书中写道:"此地人民五十万。街市繁盛,为英国第二埠头。中华及印度、美国棉花皆集于此。所织之布,发于各路售卖……往织布大行(指工厂)遍览。楼五重,上下数百间。工匠计三千人,女多于男。棉花包至此开始。由弹而纺,而织,而染,皆用火轮法……棉花分三路,原来泥沙搀杂,弹过六七遍,则白如雪,柔于绵矣。又以轮纺,由精卷而为细丝。凡七八过,皆用小轮数百纺之。顷刻成轴,细于发矣。染处则在下层,各色俱备。入浸少时,即鲜明成色。织机万张,刻不停梭。每机二三张以一人司之。计自木棉出包时,至纺织染成,不逾晷刻,亦神速哉?"

中国古代文书中一般不加标点符号,而是通过语感、语气助词、语法结构等在文章里加入"句读符号"断句,以致经常出现歧义,造成对文章字句的误解。斌椿在英国观光考察期间,一天吃早茶时在翻译的帮助下阅读英国报纸,发现英语句子之间由小蝌蚪和小圆圈等符号隔开,这个发现令他兴奋不已,连忙问翻译其中的奥秘。翻译介绍说这些符号叫做"标点",是用来分隔句子和表示语气的,类似中国古代文书中的"句读"。斌椿觉得英国人这个发明很好,避免了因不了解文章含义胡乱句读的错误,于是决定回国后即将这一重大发现向朝廷禀报,他也因此成为第一个将标点符号概念引入中国的人。

⑥克努特大帝(995—1035年),"北海帝国"国王,也是历史上唯一一个几乎统一了北海沿岸地区的帝王,曾经同时担任英格兰国王、丹麦国王和挪威国王。丹麦历代王者所发展起来的海盗帝国在他的手里达到了顶峰,其帝国范围包括今丹麦、英格兰、苏格兰大部、挪威和瑞典南部。

克努特大帝在英国历史上具有至关重要的地位和举足轻重

的影响。"克努特帝国是盎格鲁—丹麦王朝的辉煌时期……尽管来自异族,克努特仍不失为英国历史上最伟大的君主之一。由于得到丹麦人和英格兰人双方的效忠,克努特是第一位真正统一英格兰的国王。"(见钱乘旦主编、宋立宏等著,江苏人民出版社2016年9月第1版《英国通史》第1卷第251页。)克努特大帝的统治也大大促进了英格兰与北海沿岸诸国的交流,以至于英格兰、苏格兰与丹麦、挪威语言文化之间至今仍可找出众多相似之处。

⑦诺曼人(Norman)又称"维京人"(意为"居住在峡湾的人"),属于8至11世纪自北欧日德兰半岛和斯堪的纳维亚半岛等原住地向欧洲大陆各国进行掠夺性和商业性远征的丹麦人、挪威人和瑞典人等北方日耳曼人。诺曼人建立诺曼底公国,派军队远征意大利南部、西西里岛以及英格兰、苏格兰、威尔士、爱尔兰,并向这些地方移民拓殖。1066年,诺曼底公爵威廉率军入侵并征服了英格兰,成为英格兰国王。他建立了诺曼底王朝(House of Normandy),使英格兰从此进入王朝时代。王朝时代是英格兰历史的分水岭,标志着盎格鲁—撒克逊时代的终结。此前英格兰被欧洲当做穷乡僻壤,不断遭到外敌入侵,岛内也受到苏格兰的挤压,王朝时代英格兰开始了对外侵略,并反过来压制苏格兰,英国历史也从此进入了一个新的阶段。

⑧13世纪初,英国尺度紊乱,全国没有统一的标准,给全国贸易往来带来了很多麻烦。因尺度不一导致的民事纠纷亦使英国王室大为苦恼,先后召开了十几次大臣会议商讨此事,但商量来讨论去始终定不下一个统一标准。见此情景,英国国王约翰愤怒地在地上踩了一脚,然后指着凹陷下去的脚印对大臣们宣

布:"There is a foot, let it be the measure from this day forward!"("从今天起,这个脚印就让它永远作为丈量的标准吧!")至今,大英博物馆还珍藏着一个长方形框子,其中的空心部分即为英王约翰御足(the Imperial Foot)的标准长度,英尺的英文也因此写作"foot"(即"足")。因为约翰王当时穿的鞋其长度大约为30厘米,所以1英尺就是大约30厘米。1959年,美国将1英尺定为30.48厘米,也就是0.3048米。目前,英国及其前殖民地和英联邦国家都使用这一长度单位。

⑨英亩(acre)是英美制面积单位,一般在英国、美国等地区使用。1英亩=43560平方英尺、4046.864798平方米、6.0702846市亩、0.404686公顷和0.004047平方公里。自由绿色庄园以前的面积为350英亩,约合2125市亩。其现在的面积是25英亩,合约152市亩,相当于14个国际标准足球场的面积。

⑩北京时间2017年5月22日晚上,西蒙·霍沃思先生给我发来微信:"Sad day here: Mum died this morning.S."(这是悲伤的日子:母亲于今天早上去世了。西蒙。)遗憾的是我当时没有看手机,所以直到次日早上8点左右才得知这一消息。我当即回复表示哀悼。西蒙则回复道:"Thank you Tantan.The cycle of life goes on,but we lost a very special person yesterday.Rgds S."(谢谢坦坦。生命的循环继续,但是我们昨天失去了一位非常特别的人。此致西蒙。)我3次赴英,每次都得到了西蒙母亲的热情接待,老人的热情开朗、善良好客给我留下了终生难忘的印象。为了表达我最深切的悼念,2017年5月23日晚上,我给西蒙发去了以下唁电:

亲爱的西蒙先生:

惊悉您的母亲不幸逝世，我和妻子周利华深表悲痛！母亲大人是一位随和知性、和蔼可亲、令人尊敬的女性，我每次赴英都得到她的热情接待。我尤其记得她在自由绿色庄园亲自下厨款待我们的场景，也记得她在皮弗钟声酒吧请我和女儿吃饭时的情形。她真是一位可爱的老人，我们永远怀念她！

此时此刻，您的心中一定充满悲伤。其实我和您一样，也为一位伟大母亲的去世感到悲伤。作为对您母亲的最好怀念，我会在未来的著作中对她的事迹作深情的描写。愿老人在天堂幸福！

最后，请您的父亲节哀顺变，保重身体，也问候您的其他家人。深深怀念您的母亲！

您的好朋友　坦坦

2017年5月23日于中国武汉

⑪英国议会(The Parliament of the United Kingdom of Great Britain and Northern Ireland)又称威斯敏斯特议会，由上院即贵族院(House of Lords)、下院即平民院(House of Commons)和国王共同组成，行使国家的最高立法权。

1258年，英格兰国王亨利三世的妹夫西蒙·德·孟福尔男爵武装闯宫，迫使亨利同意召开会议签订限制王权的《牛津条例》。根据《牛津条例》，国家权力由贵族操控的15人委员会掌握，为此引进了一个新名称——Parliament，此词出自法语，意为"商议"，后在英语中表示议会。1265年，召开了第一次议会，这标志着英国议会的产生，英国议会因此被称为"议会之母"。为限制英国王权，1689年英国议会通过了《权利法案》，对国王在经济、政治、宗教等事务中的权利进行了严格的限定，确定议会拥有最高权力的基本原则，并对公民应有的权利做了明确规定。

自此,一个新的资产阶级君主立宪制政权在英国建立起来。诸多社会阶层和利益集团认识到议会尤其是议会下院在国家政治生活中的重要地位,他们进入议会下院的期望日益热切。因此,议会下院逐步成为英国社会精英的主要活动场所,在一定程度上,议会下院是英国政治和社会生活的集中体现。

⑫拉格比公学(Rugby School)位于英国英格兰沃里克郡拉格比镇,是1868年英国皇家法案钦定的9所公学之一,也是英格兰最古老最昂贵、与伊顿公学齐名的公学之一,橄榄球运动即发源于此。该校至今培养了上百名国会议员、皇家大法官和外交官等,更是无数贵族的母校。该校也培养了很多跨国公司总裁,如BBC前总裁、英国著名快餐公司Pret a Manger创始人等。

⑬该句引自多萝西·霍沃思著《迄今为止:1901—1978》第2章《结婚》,见英国曼彻斯特市Richard Bates Limited 1979年出版的该书第8页。

⑭英国曼彻斯特哈雷管弦乐团(Hallé Orchestra)成立于1858年,是英国现存最古老的乐团之一,也是英国乃至世界最顶级的交响乐团之一,用音乐史家的话说就是"它承载了英国一部悠久的交响音乐发展史"。哈雷管弦乐团每年在曼彻斯特的布里奇沃特音乐大厅举办70余场音乐会,并在英国其他地区举办40多场音乐会。2016年7月,为纪念英国曼彻斯特市与中国武汉市缔结友好城市30周年,同时也为纪念莎士比亚逝世400周年,哈雷管弦乐团曾来华巡演,并将首站演出设在武汉琴台音乐厅。

⑮邓特斯中学(Dauntsey's School)位于英格兰维尔特郡索尔兹伯里市,是英国著名的男女合校之一,历史可追溯到约500

年前。

⑯雷丁大学(University of Reading)创办于1892年,位于英国英格兰伯克夏郡首府雷丁市,曾是牛津大学的一个学院,现已发展为集研究和教学于一体的英国传统一流公立大学,近90%的科研成果被认定为达到国际水平。学校占地面积395英亩约合2400市亩,设有白色骑士校区、伦敦路校区和绿林校区3个校区。中国影星汤唯即毕业于该校。霍沃思家族最近的3代人即菲利普·霍沃思爵士、西蒙·霍沃思、乔治·霍沃思亦均毕业于此。

⑰该句引自多萝西·霍沃思著《迄今为止:1901—1978》第4章《自由绿色庄园:1931》,见该书第23页。

⑱Nero一译"尼罗",源自拉丁语,含义"黑的",男子名。又译"尼禄",是欧洲的一个古老名字,也是公元一世纪古罗马暴君、凯撒家族最后一位统治者尼禄皇帝的名字。这里的Nero如文中所述是菲利普·霍沃思爵士家养的一只拉布拉多猎犬,黑色,已有12岁狗龄,据西蒙介绍其名字也没有什么特殊的含义。在英国,犬猫等宠物通常也被视为家庭成员。

⑲巴克斯顿是英国英格兰德比郡一座著名的温泉小镇,以温泉和歌剧、音乐剧、哑剧等表演闻名。镇上的巴克斯顿歌剧院建于1903年,除常规的歌剧、音乐剧和哑剧演出外,每年7月7日至23日还定期举办一年一度的巴克斯顿歌剧节,并且自1994年起主办每年一届的国际吉尔伯特和沙利文文化节。

⑳中国英国史研究会会长、北京大学教授钱乘旦总主编,刘成等著的《英国通史》第5卷《光辉岁月——19世纪英国》前言写道:"19世纪是英国的世纪";"英国在19世纪成为世界第一

强国";"19世纪中叶,英国成为'世界工厂'和世界贸易的中心";"19世纪,英国的'软实力'十分强大,科学、文化、艺术都发展到历史的最高点";"英国对世界历史的突出贡献集中表现在19世纪,正是在这个时代,英国走上了光辉的顶点,无论其成功还是失误,都为世界展示了第一个现代化国家的模板。"该卷第六编第三章"艺术与科学"则写道:"对英国而言,19世纪是最辉煌的世纪,英国完成了工业革命,成为世界上最富裕、也是最强大的国家。这使它引领了世界历史的潮流,欧洲国家以及后来整个世界,都以英国为项背,逐渐向工业社会靠拢。英国在19世纪30年代开始民主化进程,到世纪之末已实现了成年男子普选权,这在西方乃至世界都是引领风骚的。19世纪的英国为世界提供了许多思想,它的理论成果也举世瞩目。科学与文化竞相斗艳,呈现出一派欣欣向荣的景象。英国的贸易覆盖全球,它的工业品输往世界各地,为英国带来繁荣和富庶。为了能在全世界永远汲取财富,它构建了日不落的庞大帝国,这个帝国在人类历史上也是空前绝后的,以前没有,以后也不可能再出现了。总之,19世纪的英国展现出无比的辉煌。""光辉岁月"实际上是英国对由其占世界主导地位的19世纪的一种自豪说法,世界各国也普遍认同。

㉑李希霍芬(Ferdinand Paul Wilhelm Richthofen,1833—1905年),德国地理学家、地质学家,曾任柏林地理学会会长、柏林大学校长。1868年9月至1872年5月,李希霍芬到中国进行了将近4年的地质地理考察,走遍了大半个中国。回国后,从1877年开始,他先后出版了5卷本并带附图的《中国——亲身旅行的成果和以之为根据的研究》一书。正是在该书的

第一卷中,李希霍芬首次提出了"丝绸之路"这一概念,并在地图上进行了标注。"丝绸之路"这一概念由此在世界范围传播开来,并被广泛采纳沿用至今。

㉒丝绸之路简称"丝路",一般指陆上丝绸之路,广义上又分陆上丝绸之路和海上丝绸之路,是人类历史上最早最重要的东西方文明交流通道。

陆上丝绸之路起源于西汉(公元前202年至公元8年),指汉武帝派张骞出使西域开辟的以长安(今西安)为起点,经甘肃、新疆到中亚、西亚并连接地中海各国的陆上通道。它的最初作用是运输中国古代出产的丝绸。1877年,德国地质地理学家李希霍芬在其著作《中国》一书中,把"从公元前114年至公元127年间,中国与中亚、中国与印度间以丝绸贸易为媒介的这条西域交通道路"命名为"丝绸之路",这一名词很快被学术界和大众所接受,并被广泛采纳沿用至今。

海上丝绸之路是古代中国与外国交通贸易和文化交往的海上通道。该路主要以南海为中心,所以又称"南海丝绸之路"。海上丝绸之路形成于秦汉时期,发展于三国至隋朝时期,繁荣于唐宋时期,转变于明清时期,是已知的最为古老的海上航线。2013年9月和10月,中国国家主席习近平分别提出建设"新丝绸之路经济带"和"21世纪海上丝绸之路"的合作倡议。2015年3月,中国国家发展改革委、外交部、商务部联合发布了《推动共建丝绸之路经济带和21世纪海上丝绸之路的愿景与行动》。"一带一路"(The Belt and Road)是"丝绸之路经济带"和"21世纪海上丝绸之路"的简称。

㉓李约瑟(1900—1995年),全名 Joseph Terence Montgomery Needham,英国皇家学会会员、英国学术院院士,剑桥大学李约瑟研究所名誉所长,被誉为"20世纪的伟大学者""百科全书式的人物"。中华人民共和国成立后,李约瑟亲自发起并分别就任英中友好协会会长、英中了解协会会长,先后8次来华考察旅行,大规模搜集中国科技史资料,实地了解新中国政治、经济、科学和文化发展情况。1954年,李约瑟出版了《中国科学技术史》第一卷,轰动西方汉学界。他在这部计有34分册的系列巨著中,以浩瀚的史料、确凿的证据向世界表明:"中国文明在科学技术史上曾起过从来没有被认识到的巨大作用","在现代科学技术登场前十多个世纪,中国在科技和知识方面的积累远胜于西方"。1994年他被选为中国科学院首批外籍院士。

㉔"第一次英中战争"或"通商战争",是英国人对鸦片战争的说法,英文写作"First Anglo-Chinese War"。鸦片战争中国称之为"First Opium War",即"第一次鸦片战争",是1840年到1842年英国对中国发动的一场侵略战争,也是中国近代史的开端。

㉕指清朝政府决定派郭嵩焘出任驻英公使这件事。1875年2月,云南发生了英国驻华使馆翻译马嘉理擅自带领一支英军由缅甸进入云南被当地居民打死的"马嘉理案",英政府遂要求中国派遣大员亲往英国道歉,清政府于是决定派时任福建按察使的郭嵩焘赴英"通好谢罪"。1875年8月,清政府正式加授郭嵩焘为出使英国大臣,这也是中国历史上第一位驻外使节,但由于当时中英双方尚未就"马嘉理案"达成协议,故出使延期。1876年12月,郭嵩焘携随从30余人自上海登船赴英,于1877年1月下旬抵达伦敦,并在伦敦设立了中国历史上第一个驻外使馆。

㉖怡和洋行是最著名的一家老牌英资洋行、远东最大的英资财团,也是首家在上海开设的欧洲公司和首家在日本成立的外国公司,于1832年由英国人威廉·渣甸和詹姆斯·马地臣在中国广州创办。怡和洋行对香港早期的发展具有举足轻重的作用,有"未有香港,先有怡和"之说。怡和洋行早年参与对中国的鸦片及茶叶贸易,1872年以后放弃鸦片贸易,在中国大陆及香港投资铁路、船坞、工厂、矿务等,包括兴建了中国第一条铁路、安装了中国第一部电梯。20世纪90年代初,怡和洋行从香港移至新加坡和伦敦。

㉗亚洲基础设施投资银行(Asian Infrastructure Investment Bank)简称亚投行(AIIB),由中国国家主席习近平于2013年10月2日倡议筹建,是一个政府间性质的亚洲区域多边开发机构,重点支持基础设施建设,宗旨是促进亚洲区域建设互联互通化和经济一体化进程,并加强中国及其他亚洲国家和地区的合作。总部设在北京。

㉘以上3句话均引自 *Henry Theodore Gaddum: His Forebears and His Family*(《亨利·西奥多·加德姆:他的祖先和他的家族》)一书,见该书第6章 *His Sons and Daughters*(《他的儿女们》)第121页。

㉙《每日环球记录报》于1785年1月1日由约翰·沃尔特创办于英国伦敦,1788年1月1日改名为《泰晤士报》(*The Times*),成为世界上第一张以"Times"命名的报纸。《泰晤士报》长期以来一直被认为是英国的第一主流大报,也是一张对全世界政治、经济、文化发挥着巨大影响力的报纸,被誉为"英国社会的忠实记录者"。该报于1981年被澳大利亚新闻集团收购控

股至今。

㉚《每日电讯报》于 1855 年 6 月 29 日由斯雷上校创办于英国伦敦,曾是世界上发行量最大的报纸,如今已发展成为一家具有世界影响力的多媒体集团。

㉛该句套用了《鲁滨逊漂流记》原版"序言"开篇的那句话:"假如世界上真有什么私人的冒险经历值得发表,并且在发表后还会受到欢迎的话,那么编者认为便是这部自述。"(引自笛福著、方原译,人民文学出版社 1959 年 9 月第 1 版《鲁滨逊漂流记》"原序"。)其原文是:If ever the story of any private man's adventures in the world were worth making public, and were acceptable when published, the editor of this account thinks this will be so.

第3章
剑桥报道

1 "剑桥版黄鹤楼会成为和大本钟一样著名的景点!"

本报英国剑桥专电 如果不是亲临现场亲眼所见,你绝不会相信这里是远离中国武汉的英国剑桥。"南维高拱""北斗平临""楚天极目"3块巨大的匾牌高悬5楼南、西、北3个方向,面向东方5楼正中的那块匾牌上居然烫金镌刻着3个舒体①大字"黄鹤楼"。是的,这就是黄鹤楼!昨日,位于剑桥ARC的王朝中心(Dynasty Centres)建成投入使用。作为与王朝中心配套的标志性建筑,黄鹤楼被按照1比1比例在此原样复制,于同日向游客开放。据现场一位来自北京古代建筑设计研究所的专家介绍,将一座类似于黄鹤楼这样规模的中国古典建筑原样复制到国外,这在中国乃至世界建筑史上尚属首次。

记者在现场看到,剑桥版黄鹤楼楼高5层,据介绍其通高51.4米,底层边宽30米,顶层边宽18米,屋面用十多万块黄色琉璃瓦覆盖,与位于武汉长江南岸蛇山之巅的黄鹤楼几乎一模一样。如果不考虑周边环境背景,剑桥版黄鹤楼活脱脱就是武汉黄鹤楼的"拷贝",二者堪称是一对难分彼此的"双胞胎"。

一群操武汉口音、学生模样的参观者引起记者注意,过去一打听,果然他们都是在英国留学的武汉籍学生。其中一位在曼彻斯特大学学习时尚管理专业、英文名叫 Ceer 的女生告诉记者,听说剑桥修了个黄鹤楼,同学们都感到惊奇,于是便相约从英国各地赶来看稀奇。另一位在剑桥大学读博士学位的徐姓男生告诉记者,听说黄鹤楼被"搬到"英国来了,他起初不相信,如今眼见为实。据说这是英国第一次在本土按照 1 比 1 比例复制如此规模的中国建筑,作为这座建筑的家乡人,他为武汉感到骄傲。

听说记者来自武汉,一位名叫弗雷迪说一口流利汉语的英国人过来搭腔。原来弗雷迪曾经留学武汉,担任过武汉大学留学生会副主席,2016 年 12 月还参加过由本报与市民之家联合主办的市民大讲堂活动。说起剑桥建起的这座黄鹤楼,弗雷迪伸出大拇指频频夸好:"中国有灿烂悠久的文化,黄鹤楼就是一个杰出的代表。在武汉留学的时候,我登过黄鹤楼,毕业回国后还经常梦见它,想着有一天能够再登黄鹤楼。如今黄鹤楼修到了家门口,足不出国就能够实现自己的梦想了。这真是一件不可思议的大好事,也是中英文化交流的一个盛举。我为它点赞!"

"要不了多久,剑桥版黄鹤楼就会成为英国乃至于欧洲的一个著名景点,和大本钟、伦敦塔一样著名的景点!"对于这个近乎疯狂的想法,西蒙却抱有坚定的信心。 余坦坦/摄

据悉,剑桥版黄鹤楼由中英基金(the Sino-UK Fund)联合武汉市园林局、武汉旅游发展投资集团有限公司以及剑桥ARC等共同建设,总投资逾4000万英镑,折合人民币约3.5亿元。剑桥 ARC 是英国一家公司开发的大型综合园区项目,位于英国剑桥郡首府剑桥市。

总规模30亿元人民币的中英基金由英国著名创业家兼投资人西蒙·霍沃思博士于2015年发起创建,如今已成长为国际著名的基金项目。该基金关注并投资医疗、生物、清洁能源、农业科技等新兴产业技术,致力于将世界最先进的上述技术引进到中国并实现产业化。自2017年投资引进具有世界先进水平的结核病诊断试剂盒项目到武汉地区成功发展后,该基金按照中国的"五年规划",每年都投资引进3到5个(家)甚至更多欧洲项目或欧洲高科技企业到中国发展,这些项目或企业至今已在武汉、青岛、北京、本溪、沈阳、上海等地落地或设立生产线,产品也已开始销往世界各地。

资料显示,英国剑桥王朝中心作为中英贸易中心,由中英基金管理运作,为中国公司提供进入欧洲的第一站办公室,是帮助中国新兴产业及科技公司进入欧洲、欧洲尤其是英国企业进入中国的桥梁。之所以选择剑桥建立王朝中心,是因为剑桥拥有世界一流的生物技术和科研团队,拥有一大批包括诺贝尔奖获得者在内的世界顶尖科学家。除在剑桥ARC设立总部外,王朝中心还在剑桥阿登布鲁克医院园区、斯蒂夫尼奇葛兰素史克生物科学孵化园区建立王朝中心分部,同时在葛兰素史克网站和剑桥新阿斯利康网站建立了以中国为中心的枢纽,为世界著名研究机构、国际药企与中国企业对接提供平台。

作为2015年度武汉"黄鹤友谊奖"和2017年度"中国政府友谊奖"获得者,西蒙·霍沃思博士是中国人民尤其是武汉人民的老朋友,也是记者的好朋友。他每年都要数次往返于中英两国。昨日,西蒙博士特意选择在剑桥版黄鹤楼一楼大厅正面墙上的"白云黄鹤"陶瓷壁画下面接受记者的采访。

谈到复制黄鹤楼的初衷,他对记者说:"中国有一句古话,叫'国之交在于民相亲'。两个历史文化背景完全不同的国家要进行交往,首先就要使两国的人民相亲相爱。那么怎样才能使他们相亲相爱呢?我认为了解彼此的历史、学习彼此的文化是一个有效的途径。由于学习英语的缘故,相对来讲,中国人了解英国比英国人了解中国更多。如何让英国人也能更多地了解中国,并且是更直接更直观也更快地了解中国呢?我想到了将黄鹤楼复制到英国这样一个办法。因为黄鹤楼是中国江南三大名楼之一,是中国历史文化名楼,也是武汉市标志性建筑,承载积淀了武汉乃至中国悠久的历史和文化,通过它,英国人就可以很直接很直观也很快地了解中国,了解中国的历史脉络,了解中国的文化精华。当我将这个大胆的想法告诉我的中国朋友和英国朋友时,竟然与他们一拍即合,两国尤其是武汉市与剑桥市的相关部门和企业更是表现出极大的兴趣与热情,武汉市园林局、武汉旅游发展投资集团有限公司与剑桥ARC都表现出投资兴建的强烈意愿,并且很快付之行动。就这样,一个看似不可能的想法和项目很快落实并变成了现实。一句话,它成功了!但黄鹤楼在剑桥的复制成功,还决不仅仅是我个人创意的成功。与其说这是我个人创意的成功,还不如说它是顺应了'一带一路'建设而结出的硕果,是中英两国政府、两国企业和两国人民为加深彼此了解、增强双向互动、根植中英友谊而精心培育出来的一棵大树,是中英两国政府和人民世代友好的一个伟大象征和世纪里程碑。从这个意义上来讲,它是'一带一路'的成功,它是中英两国政府、两国企业和两国人民了解、互动、友谊的成功,它更是中英世代友好的成功!"

说到这里,西蒙·霍沃思博士特意让自己的小女儿阿玛拉为记者朗诵了崔颢的诗《黄鹤楼》。说一口流利汉语的阿玛拉不仅当场声情并茂地朗诵了《黄鹤楼》,还将诗中的两句"昔人已乘黄鹤去,此地空余黄鹤楼""晴川历历汉阳树,芳草萋萋鹦鹉洲"改为"今人已乘黄鹤来,此地又建黄鹤楼""剑桥历历汉阳树,东湖艘艘康河舟",既应景也祝贺了当天剑桥版黄鹤楼在ARC的落成开放。阿玛拉的朗诵和即兴"创作"引来周围中国留学生一片掌声与喝彩。

由女儿朗诵唐诗,西蒙·霍沃思博士又谈起了他的王朝青少年交流项目(Dynasty Youth Exchange Program)。他说,

西蒙与来自武汉的"小小外交家"代表团一行亲切交谈。

余坦坦/摄

自己不光通过创立中英基金和王朝中心来推动中英之间的科技与经济交流,也通过王朝青少年交流项目来推动中英之间的文化和教育交流,目的是通过这种交流消除中英之间可能因文化差异导致的误解与偏见,增强彼此人民之间尤其是青少年之间的了解和友谊,为未来的中英友好打下基础。目前,他已成功开展了"王朝·小小外交家"等活动,设在武汉的王朝青少年交流项目中国办事处每年都组织上千名13岁到17岁的中英青少年互访互动互相交流,受到两国教育部门和机构尤其是两国青少年的热烈欢迎。

采访即将结束时,西蒙·霍沃思博士向记者透露,今天的开放还只是剑桥版黄鹤楼的"试营业",正式的落成开放仪式将于下月举行。届时,英国王室成员,说不定就是剑桥公爵、威廉王子一家,还有英国政府首相或大臣,将参加仪式,预料中国全国政协也会有一位领导前来祝贺,当然也少不了中国驻英国的大使、公使以及武汉市的领导和朋友们。

"希望那时候长江日报能派你再来!"西蒙·霍沃思博士笑着对记者说,"要不了多久,剑桥版黄鹤楼就会成为英国乃至于欧洲的一个著名景点,和大本钟、伦敦塔、哈德良长城②一样著名的景点!"

"祝你'每'梦成真——每一个梦想都能够成真,也祝你'新'想事成——每一桩新设想都能够成为美好的现实!"记者也笑着对西蒙说。

2 复制黄鹤楼,我点赞!

当我将这篇"来自剑桥"的"新闻报道"发到朋友圈时,立即引来了一片惊叹和点赞:"真的?!""不可能吧?""太神奇了!""伟大!""'一带一路'上的里程碑!""中国长城与哈德良长城上的金皇冠!""敢为人先的西蒙博士!""中国的伦敦塔,一定要去看看!"

亲爱的读者诸君,请原谅我写了一篇虚拟的报道!原来这么一篇"发自剑桥"的"新闻报道",所"报道"的主要内容,即剑桥复制黄鹤楼,其实还只是西蒙的一个美好愿景,是他最近提出来的一个伟大设想,目前还没能变成美好的现实。然而"报道"中提及的其他有些项目或活动,有的已经实现或者部分实现,比如王朝青少年交流项目,比如王朝·小小外交家活动,比如2017年与武汉市肺科医院签约正式引进具有世界先进水平的结核病诊断试剂盒项目,比如王朝中心在葛兰素史克网站和新阿斯利康网站建立中国枢纽;有的正在实现,比如王朝中心;有的则正在实现的路上艰难前行,比如中英基金。需要特别说明的一点是,尽管这是一篇虚拟报道,但绝不是虚假报道。虚假报道是凭空捏造杜撰事实,将本来莫须有或者根本不存在的事物当做既成事实加以报道,就像当年苏联的"客里空"[3],而虚拟报道虽然内容是"虚"文字也为"拟",但所报道的内容却是正在变成或者有可能变成现实或事实的愿景、构想、计划、方案等,所谓"虚"而不假也。况且现在不是提倡并大搞所谓"虚拟经济"吗,在愿景、构想、计划、方案尚未变成现实或事实之前,虚拟报道一下,弄个"概念股",鼓舞一下士气,引领一下潮流,亦未尝不可吧?况且任何事情之起源、任何伟业之创建,不都是由"想"而兴,由愿景、构想、计划、方案而起的吗?这使我想起了某香烟品牌当年的一句著名广告词:"思想有多远,我们就能走多远!"是呀,思想有多远,我们就能走多远。思想远足,我们的脚才能走很远,而倘若思想跛了腿呢,我们就会裹足不前甚至寸步不行。所以,当西蒙提出将黄鹤楼复制到剑桥复制到英国甚至复制到欧洲这个大胆的想法时,我是第一个为他点赞的人。并且相信只要坚持不懈持之以恒推动之,将黄鹤楼复制到剑桥复制到英国甚至复制到欧洲的伟大设想则未必就不能够变成美好的现实!

"成功,属于敢于梦想的人!"我相信这样一句名言。

以上,便是本章充满了"革命理想主义"与"革命浪漫主义"的开篇,也算是对西蒙中国事业的一个介绍和鸟瞰,或者用一个最时髦最流行的中国词语来形容,那就是西蒙心中的"中国梦"。事实上,我认为,搞任何事情,做一切事业,既需要现实主义的务实态度,也需要理想主义的梦想与浪漫主义的情怀,就像习近平总书记在实现中华民族伟大复兴的实践中提出"中国梦"一样,二者结合,两两互促,才能抒写事情圆满事业功成的美好篇章。而事实上,以我对霍沃思家族的研究与了解,尤其是以我和西蒙近两年来的接触与交往,我发现完全继承了前辈基因的他既是一个严谨的学者和务实的商人,有着不列颠人与生俱来的逐利务实,同时又是一个充满了浪漫情怀的艺术家和追求生活情趣的生活家。所以,站在这个角度,当我面对这个英国家族的中国故事时,尤其是当我面对西蒙及其中国故事时,我就更乐意以文学的笔法,以理想主义浪漫主义的笔触,来书写之,甚至来"创作"之,而不是以训诂考据的方法,更不是以资料汇编的方法,来辑录之,来"编辑"之。这就是为什么我在前面两章以富于文学色彩的描写与充满激情的文字来抒写这个英国家族中国故事的缘由之所在。而我之所以能够做到这一点,除了本人确有这样的文学素养与文字功夫之外——恕我狂言,更重要的也许还是得力于在采访和写作的过程中受到了他们这种浪漫情怀的深度熏陶与感染,是他们对于生活对于事业对于古老中国对于中英友好的那种火热期待与殷殷深情激发了我的创作激情,也点燃了我心中灵感的火焰。相信读者诸君在阅读了我前面的两章之后已经体验并感受到了这种燃烧在字里行间的热情甚至激情,这种燃烧在字里行间的热情和激情可不是一般的写作欲望所能触发的。而让沉寂的历史、无声的文字能够像寒夜的篝火、飞溅的瀑布一样使您的眼前一亮,使您的心中一震,既是我"创作"西蒙家族中国故事时的孜孜以求,也是我在撰写此类题材或故事时与其他传记作家的迥异之处。这种思路,此番写法,是否对路,妥帖与否,身

西蒙受邀主讲武汉生物工程学院"认识武汉"公选实践课,课前播放了由余坦坦执笔的纪录片《"中国人"西蒙》。霍沃思家族绵延六代人的中国故事像磁铁一样吸引了近千名大学生。 余坦坦/摄为作者,余既不好孤芳自赏自以为是,亦不必进退失据妄自菲薄,只有留待读者诸君乃至专家学者臧否褒贬了,所谓"好坏悉由人说""是非自有公论"也。然则以上所言,虽属姑妄言之的自以为是或自以为不是,却也的确是对我此一著作写作风格的注疏与诠释,若能承蒙西蒙尤其是读者诸君的不弃乃至认可,则敝人亦不枉夙兴夜寐夜以继日手书指键旁征博引创作此书之辛苦矣。致令霍沃思家族六代人之中国故事得其所哉,则虽苦余心志、劳余筋骨、饿余体肤、空乏余身,亦在所不辞心甘情愿也!

好的,开篇既始,那么就让我们继续"剑桥报道"之正传吧。

3 现象级人物

前面两章,我们已经详细讲述了霍沃思家族六代人中国故事中前三代人的故事,那么在本章里,我们将继续讲述这个家族后三代人的中国故事。当然啰,本章的重点,还是讲述霍沃思家族中国故事的核心人物也是本书的核心人物西蒙·尼古拉斯·霍沃思的中国故事。正是由于西蒙的当代作为,才使得霍沃思家族长达142年的中国故事浮出了历史的水面,也正是由于他的现实努力,才使得霍沃思家族绵延六代人的中国故事得以发扬光大,具有了与过去完全不同的当代意义与现实内涵,并最终成为中英两国人民都津津乐道的一个现象级话题。西蒙,作为霍沃思家族中国故事绵延六代人中的第五代,可以说是这个家族中国故事中当之无愧的一个主角,也是中英近两个世纪以来友好交往历史中的一个现象级人物。因此,其人物本身值得大书特书,其中国故事也值得我们慢慢阅读并好好收藏,其人其事亦堪当《剑桥笔记》一书主角、核心之大任而无愧于先辈四代之殷殷中国情怀也。

4　安东尼·加德姆

如前所述,亦蒙菲利普·霍沃思爵士之介绍,加德姆家族的生意后来传给了他的表弟,也就是他母亲多萝西的侄子安东尼·加德姆,安东尼则将其曾叔祖亨利·加德姆创立的HT·加德姆公司发展为一个国际化的纱线代理公司。在中断了数十年与中国的丝绸贸易之后,上个世纪90年代,安东尼又主持恢复了家族公司从中国进口丝线和蚕茧废料的业务,并多次因商务事宜访问过中国,直到2004年从公司退休。"可惜他在2008年突然去世,不然他一定乐意谈谈在中国的见闻。"2015年4月下旬接受长江日报记者肖娟的采访,菲利普·霍沃思爵士在谈到自己的这位表弟时不无遗憾地这样说道。

安东尼·加德姆,就是霍沃思家族绵延中国故事六代人中的第四代人,也是加德姆家族及霍沃思家族中国故事链条上的又一个转折性过渡性桥梁性关键性人物。尤其是他通过家族公司与中国的丝绸贸易衔接了新中国成立后的前后"两个三十年",即衔接了1949至1978年的社会主义革命和建设时期与1979年之后改革开放新时期,也就是说他通过与中国继续做丝绸贸易将自己的家族与中国改革开放前和改革开放后这两个时期都建立了某种密切联系,从而使家族的中国故事可以继续"讲"下去。遗憾的是,手头上有关他的资料并不是很多,因此有关他的中国故事除了菲利普·霍沃思爵士上面讲述的那一点点之外,可资我来讲述的委实也很少,所以我暂且就只能引用菲利普·霍沃思爵士的简略性介绍了,其余的就只能视来日研究发掘的情况来决定讲述内容之多寡了。是故,安东尼的中国故事在此我且按下不表。

5 解读西蒙·尼古拉斯·霍沃思

关于霍沃思家族,关于西蒙,关于这个家族以及西蒙本人的中国故事,我们已经讲述了这么多,但是我若问一个简单的问题——"西蒙究竟何许人也",则我想读者诸君中的绝大多数估计也还是回答不上来,而在我们如前所述的文字中,也确实难以找到一个关于西蒙的确切详实的描述。这主要是因为前述两章我以讲述其家族及其家族之中国故事为主,而西蒙只是"跑龙套"和当配角的,直至本章我才专事讲述西蒙其人及其中国故事。那么,西蒙究竟何许人也?除了"霍沃思"这个家族背景之外,他又有着自己怎样的社会、文化和经济背景?还有哪些值得玩味的英国故事和中国故事?作为一个地地道道的英国人,他的所思所想,他的兴趣爱好,又都是怎样的?就让我从回答这些最简单也是最寻常的问题开展我的"剑桥报道"吧。霍沃思家族绵延中国故事六代人中的第六代人,也就是西蒙长子乔治的中国故事,我也想通过这些"报道"初步呈现在您的面前。

如前所述,西蒙正式的英文全名是 Simon Nicholas Haworth,汉语译做"西蒙·尼古拉斯·霍沃思"。大多数英语国家的人士名字通常由三部分组成:第一部分是教名,英语叫 given name、Christian name 或 first name;第二部分是中间名,英语叫 middle name;第三部分是姓氏,英语叫 surname、family name 或 last name。所以一个英语国家人士的全名通常就是以这种形式构成,即:教名+自取名+姓氏。教名,顾名思义是指那些信仰基督教的教徒们才适用的名字。由于大多数英语国家人士系基督教徒,所以 Christian name 亦被视为 given name 或 first name 的同等词。中间名,通常是为纪念先辈或父母亲朋中受尊敬人士而用其名字来命名的名字,一般说来中间名的纪念色彩较浓。姓氏,和中国差不多,继承父辈的,只是位置放在最后。如是观之,"西蒙·尼古拉斯·霍沃思"这个名字,其中的"霍沃思"就是他的姓,代表的是霍沃思家族,与生俱来,不可更易,这里姑且搁置不谈。"尼古拉斯",是为纪念哪位先辈或父母亲朋中受尊敬人士而命名?这个估计要问问西蒙才能确定。而"西蒙",自然就是他的所谓"教名"啰。但教名如前所述是信仰基督教的教徒们才适用的名字,而西蒙一再跟我强调他基本上是一个无神论者,并不信仰任何的宗教,所以,对此"教名"我也心存疑惑。当然啰,名字通常都是父母给起的,除非特别情况,名字通常还是父母在自己混沌未开的时候给起的,所以它像人的生命一样是蒙父母所赐与生俱来的,父母给你起个什么名儿你就得有一个什么名儿,像刘索拉说的:你别无选择[④]。从这个意义上来讲,"西蒙"这个"教名"只是西蒙的父母起给西蒙的,与西蒙本身是不是宗教徒似乎没有什么必然的界定和关联,实乃天注定亦系父母定也,在此我也就不予以深究了。需要补充说明的一点是,英国人习惯上将教名和中间名全部缩写,比如前面的章节里将西蒙外高祖 Henry Theodore Gaddum(亨利·西奥多·加德姆)的名字缩写为 H.T. Gaddum(H.T.加德姆),他的公司也成为 H.T.加德姆公司(H.T. Gaddum & Co.)。所以,西蒙通常也将自己的名字 Simon Nicholas Haworth 缩写为 S.N. Haworth,翻译成汉语就是"S.N.霍沃思",有时候干脆就写成"SNH"了。

6 名如其人

在此我不欲过多地研究"西蒙·尼古拉斯·霍沃思"这个不算太长但也不算太短的外国名字,但却对"西蒙"这个英语国家人士经常使用亦为我们的主人公西蒙在此专用的名字有一些兴趣,原因是"西蒙"这个名字对于西蒙来讲可以说是名副其实亦字如其人。何以言此呢?原来,汉译为"西蒙"、英文写作"Simon"的这个名字,常被英语国家人士用做男子名,尤其是英国人,比较常用这个名字。而"Simon"一词又来源于一个希伯来语人名,后为英格兰人用做姓氏,它经由希腊语"Σιμων"拉丁化而来,其含义为"他(指上帝耶和华)已聆听",故有"聆听"之意,也有说是"听者"之意。希伯来语中,"Simon"被视为强壮魁梧的男子,称其若非有着安静简朴的个性就是聪明且富有创造力。而且"西蒙"这个名姓,在诸神里面等级很高,是聪明智慧的象征,它是《圣经》中多位人物的名字,最知名的是耶稣最亲密和最忠诚的门徒、十二使徒之一西蒙·彼得,受此影响,"西蒙"在基督教人群中是一个十分常见的教名。而在这里,我之所以要对"西蒙"这个古老名字做一番类似于古汉语训诂式的追根溯源与探微索引,就是因为我觉得无论是希伯来语还是英语对"西蒙"这个名字的源头解释,都从某些侧面恰好地刻画出了本书主人公西蒙的性格与个性,这就是如前所释的"强壮魁梧""聪明且富有创造力"。

是的,西蒙正是这样的一个人!

——他"强壮魁梧",身高一米八有余,且精力超级旺盛。西蒙最讨厌我问他的一句话就是"Are you tired?"("你累了吗?"),他的生命似乎永远处在一种运动不息的状态而不知有"疲倦"二字。令我印象殊深的一件事,是他每次往返中英两国时似乎从来就没有倒时差一说,问其"诀窍",他总是轻描淡写说:"第一天咬咬牙,不管它就倒过来了。"而"第一天咬咬牙""不管它"这件事,对于绝大多数做跨洲跨洋飞行的人来讲委实又是一件十分困难也十分痛苦的事,不要说像他这种已经56岁的中年人,就算是三四十岁的年轻人,真正做起来也殊为不易,而他却次次如此总是如此,并且每次还看不出有任何"咬牙切齿"的痕迹。而西蒙之所以能做得如此"潇洒",我想这可能得益于他喜欢游泳、滑雪、骑马、狩猎等户外运动的缘故,尤其是得益于他年轻时喜欢打对抗性超强的英式橄榄球的缘故。当然作为日耳曼人古老分支盎格鲁—撒克逊人的一个后裔,其体质体格体魄上的天然优势也是一个不容忽视的重要因素。

——他"聪明且富有创造力",是英国知名的创业家兼投资人,英国、美国和中国14家科技公司创始人或联合创始人,也是欧洲的金融和生物技术方面的专家,现任英国剑桥大学、华威大学、雷丁大学创新、风险资本和新型金融科目的专家型讲师,同时也是中英金融俱乐部创始人之一和英中贸易协会活跃会员……

由是而观之,"西蒙"这个名字对于西蒙来讲果然就是所名非虚所名甚是了,西蒙也还真是"西蒙"了!

7　八卦文字

　　需要补充的一点是，作为严肃的历史著作和人物传记，以上由"测字"生发的几段文字似乎有些八卦了，但同时作为一部追求文学性与想象力的历史著作和人物传记，我想这种基于事实也基于史实的所谓"八卦文字"有一点亦未尝不可。因为它使颇为艰深的史迹探索与人事钩沉变得颇为轻松也颇为有趣，亦令字斟句酌的纸上人物变得更加可触也更加可感，栩栩如生犹在眼前，甚至能使书中的人物沿着字里行间拾阶而上走到您的面前，与您握手寒暄，与您比肩攀谈，所谓的"跃然纸上"是也。由此可见这样的"八卦文字"其实就像茫茫戈壁的漫漫长路上偶尔吹过的一缕清风间或飘下的几片花絮一样，常予人清爽亦予人雅趣，何乐而不可写乎？不过需要在此申明的一点倒是，对于西蒙名字的这种解释与解读，仅仅是我个人的一种研究癖好和写作方式而已，或曰"问题导向"，而并非西蒙本人所欲所为，也与其父母在给他起这个名字时所寄予的真正含义与真正用意无必然之关联。甚至西蒙自己是否做过这样的追根溯源与探微索引，是否知道"西蒙"一名的来龙去脉与意蕴意义，我亦皆不得而知。哈，姑且就算我八卦一回吧！既算是为读者诸君挖掘一点小小的西学知识，也算是为本书增添一些"清风""花絮"和"清爽""雅趣"。相信读者诸君尤其是西蒙本人对于我的这种"八卦行为",也不会有什么特别的反感或格外的反对吧?

8　阿巴斯

既然八卦了一回,就索性再八卦一回。前面我八卦了西蒙的名字,目的是"证名"其"名副其实";这次我要八卦他的车子,八卦的目的则是"以车取人""由车及人"。

读者诸君也许还记得西蒙第一次在本书中出现时的情景:"话说这一天的傍晚时分,一辆深蓝色的路虎揽胜缓缓驶进了自由绿色庄园,停在一幢混杂着砖红色、咖啡色等多种颜色的老宅的北侧。"⑤时间是 2014 年 9 月的某一天,也就是他从剑桥附近那个叫阿什维尔的小地方溯西北而上一路狂奔了 254 公里来到自由绿色庄园他父母家的那一天。注意,当时载他而来的或曰他所驾驶的那辆车子是一款老式的路虎揽胜越野车,而这辆老式的路虎车正是彼时西蒙的座驾。然而两年后的 2016 年 10 月初,当我第二次来到英国拜访也可以说是采访西蒙及其家人的时候,他的"坐骑"却已经换成了一部新款的阿巴斯。对,一部新款的阿巴斯!

在这里,读者诸君也许注意到了:我说路虎揽胜是西蒙的"座驾",而说阿巴斯是西蒙的"坐骑"。座驾,就是私人拥有的汽车或摩托车,而用"座驾"一词来形容一个人所拥有的汽车或摩托车,则含有它尊贵、庄重、厚实的意思在。坐骑呢,则通常是指供人乘骑的马匹或其他畜兽,比如牛、骡、毛驴、

· 139 ·

骆驼、大象等等,举凡一切人愿意骑可以骑敢于骑梦想骑并且是能够驾驭的畜兽乃至于鸟禽吧。其实坐骑也可以用来说是某人的某台汽车或某台摩托车,只是相对于"座驾"而言,用"坐骑"来形容一个人的汽车或摩托车时,则含有随意、轻便、灵活的意思。难道阿巴斯竟是一匹马或者是一头畜兽一只鸟禽吗?或者它如同是一匹马或者如同是一头畜兽一只鸟禽吗?呵呵,当然不是。我说阿巴斯是西蒙的"坐骑",当然是取其随意、轻便、灵活的意思。而之所以要做出这样的区分,其实只是我,注意,只是"我"——也就是作者本人,对西蒙过去和现在"可能不同"的思维方式与行为方式的一己猜测,注意,仅仅是"猜测"而已,而绝非西蒙本人之属意。因为我觉得任何人在选择一件用品和放弃一件用品时,尤其是一件与自己朝夕相处荣辱与共的用品,比如汽车,必定会有他的某种考虑,选择 A 还是选择 B,放弃 A 还是放弃 B,都不是随随便便轻轻松松就能够做出决定的,如前所述"必定会有他的某种考虑"。西蒙之前选择路虎作为他的交通伙伴自然有他的"某种考虑",而之后又选择阿巴斯作为他的交通伙伴自然也有他的"某种考虑"。不过,在此,尽管有着一个作家超乎常人的想象力与推断力,我还是不想去臆测西蒙"之前"和"之后"的那些考虑都是基于一些什么样的考虑,我只是想透过西蒙的这种放弃和选择,来琢磨一下西蒙究竟是一种什么性格和取向的人,并进一步琢磨他生活与工作的状态或模式,至少是从我个人的角度,而未必是从科学的角度。

对于路虎,我想相当一部分中国人尤其是驾车人爱车人玩车人如今都已经耳熟能详了。它的老派的古板的也是笨拙的执着的造型像极了凡事都一板一眼循规蹈矩"呆板"的英国人!这款秉承了"冒险、勇气和至尊"理念由英国人一手打造的高端汽车,自1948年诞生至2003年设立中国办事处,在这长达半个多世纪的时间里,就一直孤悬于距中国十万八千里的世界汽车市场高端,而从未至少是极少光顾中国,就像英国女王很少访问这个东方古国一样。然而随着近年来中国民众购买能力的大幅攀升,尤其是随着汽车市场的开始饱和与不景气,路虎这个汽车中的"英国贵族",也情不自禁或许是身不由己尾随着世界诸国的滚滚车流车轮滚滚地"驰"入中国,并且很快就成为中国新老两代驾车一族的"追爱"与新宠。"追爱"算是我在此发明的一个词儿吧,顾名思义就是追逐所爱、追求至爱之意思也。众所周知,路虎以四驱车闻名于世。其实早在诞生不久的几年之后,也就是上个世纪50年代中期,路虎就已成为特殊耐用性和出色越野性的代名词。通过英国Land Rover汽车公司的精心锻造,速度和稳定这两个"搭档"在路虎身上实现了完美的"一拍即合",路虎也因此成为军方以及广大农林驾乘者的最爱与得力"助脚",世界上许多从事户外工作与喜欢户外运动的人士也都喜欢驾乘路虎车。作为一个曾经长期从事农业和牧业工作的人,一个几乎从懂事起就开始在自由绿色庄园的田亩、草地、牧场、沟渠间奔跑劳作帮助父亲打理庄园农场事务的人，一个年复一年日复一日朝夕晨昏际日升月降时与山川林木同呼吸和牛羊万物偕出入的人，西蒙与所有需要并喜欢路虎车的人一样，购置一辆擅长爬坡越坎不惧沐风栉雨的路虎揽胜作为自己的得力"助脚"，也是再寻常再正常不过的事情了。试问西蒙不用路虎，谁还用路虎？

可阿巴斯呢？阿巴斯又是款什么车？这款车，这个品牌，在中国又有多少人听说，又有多少人知道呢？我也算是一个爱车人了，亲手驾驶过的国内外各种品牌各种型号的车子也差不多快到100种了，但我却确实是在去了西蒙的家里之后，才第一次见到也第一次注意到世界上还有这么一款小汽车。因此国内知道它的人我估计也不会太多吧，除非是那些铁杆车迷，比如曾经和我一起去英国的武汉广播电视台主持人也是市民大讲堂主持人90后王佳杰。我其实就是通过他的介绍，才开始认识、关注并琢磨起阿巴斯这款汽车的。

说实话，2016年10月旅英期间，住在西蒙阿什维尔的家里上十天，每天看着他开着这辆当时我还叫不出名字的"小家伙"进进出出，我还真没有去注意它呢，就更别说把它当回事了。第一次看到这台车时，唯一闪过我脑海中的一个念头是：这么大的一个男人，并且还是一个老板，怎么就开这么小的一台"小屁车"呢？

首先它太小。单开门，只有Smart那么大。我在真正认识它之前还真的把它当成了Smart。

其次它太萌。就像台玩具车,西蒙读高中的大女儿凯蒂住在家里,我以为是她上学开的。

第三它太女性化。这种款式的车似乎只有女人才会喜欢,至少在中国应该是这样。所以我先以为它是西蒙太太法莉娅的车,但实际上法莉娅有她自己的车——一辆MINI。太太的车反倒比丈夫的车块头大许多。

我就这样忽视它了。唯一让我意识到它的时候,往往就是我在这样想的时候:这样矮小的车子与我心目中高大上的大咖级人物西蒙,怎么就那么不着调啊?哈哈!

第一次见识它的非凡,是有一天西蒙让我陪他去送小女儿阿玛拉上学。正是这次的跟车经历,让我对它刮目相看。

首先是它快。从西蒙阿什维尔的家里到阿玛拉上的那所私立学校,平时走大概只需要半个小时的车程,然而那天不知道怎么堵车了,从家里出发经乡村道路上高速公路花了很长的一段时间,上到高速公路的时候已经快要迟到了。只见西蒙一踩油门,载着我们3人的阿巴斯小车立刻就像离弦的箭一样嗖的一声飞奔了起来。这里补充一句,尽管它是单开门,实际上却是双排座,可以坐4个人。惊诧之余,我对阿巴斯也刮目相看,或者说是另眼相看:这么小的车子,拖着3个人,居然还能跑得这么快,不光是行,简直是神啊!其实我当时还不知道它叫"阿巴斯"。

其次是它稳。那是我第一次乘坐阿巴斯,那之后,我又多次乘坐阿巴斯,乡间道路、高速公路都跑过。我发现无论它走到哪里,也无论它跑得有多快,它都是出奇地稳。"稳重"这个词我觉得应该改一改了,应该改成"稳轻"。因为通常情况下,"稳"都是和"重"联系在一起的,也就是说东西只有足够重了才能够稳,然而阿巴斯显然不够重,但是它却出奇地稳。真的,是出奇地稳!尤其是在如此高的速度下,它的稳定度绝不亚于是它几倍重的路虎或者大奔。这令我看着它快但是不敢相信它是这么快,以致于我怀疑这台车子的玻璃是增速玻璃。呵呵,坐在这样又快又稳的车子里,脑袋一时还适应不过来有点儿犯迷糊了……

第三是它阳刚。"这么点儿小个儿,还阳刚啊?"听我这么说,读者诸君也许会立马反驳。拿破仑个子小,孙中山个子小,普京也个子小,您能说他们就不阳刚吗?一个男人阳刚还是不阳刚,显然不能通过他们的身材来判定。同样,一台车子阳刚还是不阳刚,显然也不能通过它们的大小来判定。说阿巴斯有阳刚之气,显然是有充分根据的。首先是它硬。硬是阳刚的一个重要指标,我想读者诸君不会有质疑吧?与国内的许多车子用硬塑料甚至是三合板做车身材料截然不同,阿巴斯的坚硬车身应该系由金属材料构成。是不是,敲一敲就知道了。敲不敲由您,反正我是敲过的。其次是它型。"型"这个词儿,凡是会点儿中文的人我想都能理解它的意象,在此就不费口舌了。当我们说这个男人有阳刚之气时,潜台词中一定也附带说了他"型",也就是有范儿——有风度,有板儿——有身材。阿巴斯恰恰就具备了这种"型":它的紧致的结构宛如一位体操王子,它的轻巧的外形犹似一位百米飞人,它的流畅的设计恰同一位泳池冠军,它的灵动的功能堪比一位武林高手。如是风范,如此身板,怎么样,够"型"了吧？第三是它行。这是它阳刚之中的关键词。一台车子行不行,一看它的前身今世,二看它的名望口碑,三看它的路上功夫。"前身今世""名望口碑"我们稍后再说,它的"路上功夫"刚才我已经讲过了:怎一个"快"字了得！

真是不坐不知道,一坐吓一跳啊！貌似Smart的阿巴斯,原来居然这么狠！

我觉得现在我们就应该赶紧Google或者赶紧百度了,看看它的前世今生,查查它的名望口碑,看看它到底是台什么车。

原来它是一辆意系车,是世界著名汽车厂商菲亚特旗下的一款驰名世界的运动型轿车,只是在中国几乎没有销售,难怪我们不知道。

进一步的查询我乃得知,阿巴斯实际上是意大利一家著名的汽车改装厂,意大利文英文都写作"Abarth",由曾5次获得欧洲摩托车比赛冠军的卡尔·阿巴斯（Karl Abarth）于1950年创立,其改装的最著名车型正是我们在此谈论的"阿巴斯"。1971年,阿巴斯公司被菲亚特收购,但继续从事它的改装行当,其最牛的本领就是可以将价位相对较低的菲亚特车型调教改装成现在的阿巴斯车型,使之在比赛中爆发出不可战胜的强大动力。资料显示,从1973年到1981年,短短

9年的时间,阿巴斯就赢得了21项世界拉力赛冠军,一举成就了菲亚特品牌在赛车领域的旷世英名。如今,菲亚特品牌的运动型轿车都以"Abarth"作为标志。

在这里,我想特别讲一讲它的LOGO,也就是阿巴斯的那个车标。阿巴斯的车标很特别,是一只蝎子。福特的兔,道奇的羊,标志的狮,捷豹的虎,保时捷的马,兰博基尼的牛,阿斯顿·马丁的鹏,阿尔法·罗密欧的蛇,世界上用一只奔跑速度远远不如这些飞禽走兽的节肢动物作为自己的车标,阿巴斯估计是独一家,至少是没几家。然而在狮虎逐鹿的汽车市场,阿巴斯这个黑黄相间的蝎子车标显得既与众不同别出一格,又森然可惧斗志十足,似乎丝毫也不弱于上面的那些张牙舞爪的飞禽走兽。蝎子这个动物听起来看上去都很瘆人,我不知道阿巴斯为什么要"聘请"这么一个凶险的动物来做自己的"形象大使"。然而最近因为研究西蒙的缘故,我仔细端详了这个车标,却发现阿巴斯的这个蝎子车标实际上看起来并没有那么可怕。若不加以特别的关注,乍一望上去您还真想不出那是一只好斗的蝎子呢。只见车标上有黑白红黄绿这5种颜色,基本上容纳了我们这个世界自然与美术意义上的基本色。它的外廓造型猛一看上去像是一顶皇冠,又像是一枚勋章,皇冠上或者勋章上,一只弯曲尾巴张开钳子的黑色蝎子被一根白线分置于红黄两个区间。如果你再花一点时间仔细看呢,你就会发现车标顶部那个刻有"Abarth"字样的黑色部分就像是一顶帽子,而下面黄红颜色组成的部分则恰似人的一张脸,两只钳子是人的眼睛,蝎身和蝎尾是人的鼻子和嘴巴,并且是歪歪的斜斜的,仿佛是一个坏坏的小男孩儿。哈哈,这么看上去,阿巴斯的这个车标不仅一点都不感觉恐怖,反而觉得有些个幽默有些个亲切,还有那么一点小清新,甚至还有那么一点小萌小可爱,不,是很可爱。总之,它型!而这种幽默这种亲切这种清新这种小萌小可爱,不也正是西蒙身上时时散发出来的那种气质和气氛吗?照这么看来,西蒙其车之于西蒙其人,无论从其本身还是从其车标来看,都是浑然一体相映成辉更相映成趣的呀,所谓的车如其人、人如其车呀。难道阿巴斯是西蒙的一个"LOGO",或者西蒙就是一辆"阿巴斯"?呵呵,这个有趣的问题,估计只有亲自去问卡尔·阿巴斯或者亲自去问西蒙·霍沃思才会有所答案呢。

好了,关于西蒙车子的八卦,姑且就到此为止吧。诚如我在前面所言,我之所以要八卦西蒙的车子,目的其实也是"以车取人""由车及人"。我觉得,或者说是从我和西蒙近两年来的接触与交往中发现,无论是之前所向披靡一往无前的路虎揽胜,还是现在敢为人先追求卓越的阿巴斯,它们都像"西蒙"这个名字一样,代表了一定时期西蒙的性格与个性,甚至是代表了他生活与工作的某种状态或模式,也可以说是代表了他在生活、工作与事业上的追求与向往。其实,西蒙曾经就是一只事业上所向披靡一往无前的"路虎",而现在,他又是一辆敢为人先追求卓越的"阿巴斯"。因此,当我们看到他奔走于包括中国在内的世界各地,投资创立经营14家公司,钱盈于手便卖掉公司或者卖掉股份实现华丽转身,然后驾驶着他事业的"阿巴斯"继续向新的更高的山岭、新的更远的终点冲刺,以开创新里程打破新纪录时,我们是不是就仿佛看到他在蜿蜒曲折的乡间道路上,在车水马龙的高速公路上,信手拈来游刃有余如鱼得水驾轻就熟地开着他那辆虽小、萌、柔但快、稳、强的阿巴斯,奔向美好前程的情景呢?我想是的!

9　阿巴斯模式

由车及人。在此,我就想顺便谈谈我对于西蒙公司及其经营模式的一些看法了,以供读者诸君尤其是那些欲与西蒙合作的朋友们参考。

在我看来,西蒙的公司,西蒙的经营模式,也是一辆"阿巴斯",我姑妄言之为"阿巴斯模式":他通过构筑小精尖的平台——比如他投资创立经营的那些公司,进行短平快的运作——猎"投"(我的自创词:寻找投资人)、嫁接(中英企业)、转让(技术、产品和项目),为客户目前主要是为中国客户提供高大上的技术、产品和项目——世界领先的生物技术、产品和项目,以最终实现双方项目与利润的真优美——双赢。其实西蒙的这种"阿巴斯模式"在目前英国的经济生活中已经形成为一种常态,曾经创造了第一座"世界工厂"的英国人如今已经放弃了大而全的大兵团作战模式,而走上了以小驱大、以小做大、以小胜大、以小博大的高精尖经济发展之路。说得通俗一点,就是他们不再开工厂了,他们只做也只坐"办公室"。英国人现在只出售思想、理念、规则、标准、技术、专利,从当年的秀硬实力到现在的彰显软实力,英国也在走一条转型发展之路。对此,所有去过英国的人,尤其是去英国考察过他们经济的人,我想都会与我有同感。而之所以要讲上面的这一番话,是因为据我所知,尽管西蒙来华打拼创业已近10年了——2008年世界金融危机爆发之后他几乎与路虎揽胜在同一时间将事业的重点转向中国,但迄今为止真正能与之展开合作的人和公司其实并不多。其中的原因固然有很多,但对其经营理念、经营模式的陌生乃至不理解不认同应该是其中的一个重要原因。鉴于本书并不是一部经济学著述,本人也不是一位经济学学者,所以在此我就不展开也不敢展开说了。倘若上述有关西蒙"阿巴斯模式"的"理论"与说法有悖于经济学原理乃至违反了某些经济学常识,亦请读者诸君尤其是经济学专家笑纳了。

10 西蒙是谁?

以上,通过两则"八卦新闻",我从"软件"方面"报道"了西蒙究竟何许人也。相信大家借助"测字"和"车子"这两件事对于西蒙之为人处世、生活事业也有了一个较为深刻的印象和颇为形象的了解,因此就不赘言了。下面,我就想潜入但也仅仅是"浅"入他的经历和生活,带着读者诸君再去看看西蒙经历和生活中的那些"硬件",即他的经历、学历、阅历、资历等等,力求再为读者诸君呈现出一个更有实感更具质感的西蒙——一个触手可感的西蒙。而之所以说是"浅入"而不说是"深入",是因为在我看来,较之其他西方国家而言,英国是一个更加保守的国度,尤其是在个人生活方面,因此深入一个人的个人经历乃至其个人生活,是一件多么冒昧的事情呀。尽管西蒙与他的英国众人不同,也尽管西蒙由于我为之作传的缘故并不拒绝我深入他的经历与生活,但在此我还是不想过于"冒昧",不想过深地深入他的经历和生活,而是只做一些可以具备"人物报道"基本要素、可以满足"人物报道"基本需要的"浅入"式"报道",即满足五个"W"⑥或其中某一个主要要素的"报道"。对于传记作品而言,或者说对于"人物报道"而言,人,也就是"who"(何人),无疑是其中最重要的要素。既然如此,那我们不妨就直奔主题,径直切入这个最重要的要素吧,重点"报道"一下"Who is Simon",也就是"西蒙是何人",由此展开本章的最后一个部分——有关西蒙的"浅入"式"报道",也为本书的主体部分也就是讲述霍沃思家族中国故事的《剑桥笔记》部分,划上一个圆满的句号。

11 "我是一个农民"

"我的第一份工作,就是从小在我父亲的当然也是我自己家里的庄园的农场里打工,也可以说是给我的父亲打工吧,因为我的父亲就是这个庄园的庄园主,也是庄园农场的农场主。这是我有生以来从事的第一份全职工作,或者说是我的第一个职业。因此,从这个意义上来说,我是一个农民。或者说,我是一个出身农民的人。"2016年10月6日中午,在英国剑桥市一个叫"Baroosh Bar"的酒吧里,我请西蒙谈谈他的第一份工作或者职业时,他这样对我说。

曾几何时,"农民"这个词就意味着贫穷、落后、土气、愚昧,低人一等。然而在发达国家,尤其是在英国这种以田园风光著称的国家,农村——确切地说是乡村,农场是人人心向往之的地方,而置身也是"治身"其间的农民亦是一个技术含量颇高、职业声望亦颇高的职业,非一般人所能担当与胜任也,甚至谋到农民这一个差使亦是不甚容易的。读者诸君也许注意到了,前面我在讲到有闲有钱居住英国乡村、农场甚至庄园之农民者时,用了"治身"一词。余之所言"治身"者,乃修身养性之谓也。试想置身蓝天白云之天下、耕耘绿水青山之垄上,得天地之灵气,采万物之精华,心灵随蓝天白云绿水青山而涤荡熏染,身体共田间万物草木精华而健康生长,有如此美丽环境作伴,又有如此天生丽质偕行,虽驽钝之徒

"我的第一份工作,就是给我的父亲打工。这是我有生以来从事的第一份全职工作,或者说是我的第一个职业。从这个意义上来说,我是一个农民。" 余坦坦/摄亦幡然醒悟矣,至恶劣之属亦立地成佛哉。其修身养性之功效,亦可谓自然而然也,犹可谓有目共睹不言自明哉,孰可疑乎?此为外话,权作茶聊。

那么按照西蒙自己的说法,他首先是一个农民,或者说他曾经是一个农民,最初是一个农民。并且后来据我所知,他还是一个如上所述"技术含量颇高职业声望亦颇高"的农民,是一个"非一般人所能担当与胜任"的农民。其实由于父亲的缘故,西蒙天生就具有"农民"的属性,他是农民的儿子,或者说他是一个农场主的儿子——1961年4月20日他就出生在自由绿色庄园那幢老宅的一楼⑦。"农民"可以说成了西蒙与生俱来的一个身份烙印,也是其从父亲那里继承来的与生俱来的职业基因。这种基因不仅渗透在他的血脉肌肤之中,更萌芽成长于他躬耕田亩的劳作之中,尤其茁壮长成于他未来的各项事业之中:农场—农业—农学—绿色环保—生物制药,可以说构成了他一生的生活链、学习链、职场链和事业链。

12 "我是一个'坏学生'"

"我是一个'坏学生'。或者说,我不是一个好学生。"每当谈及自己的学生生涯时,西蒙总爱先来上这么一句,而每当说这句话的时候呢,他的脸上也总是会流露出一丝诡秘的笑容——可以说是一种坏笑吧,不以为耻反以为荣的得意之情溢于言表,也透露出他当年是小顽童如今是老顽童的男孩本性。其实西蒙的这句话并非全是玩笑,说的其实正是他当年在校时的实情。西蒙虽然从小就对一切都感兴趣,但他并不喜欢死读书读死书,因为他不想"读书死"。由于出生在农场的缘故吧,西蒙对户外的一切都甚感兴趣,对一切在蓝天白云之下、青山绿水之间的事物都有着强烈的爱好与冲动,也可以说是着迷吧。他喜欢植物,当然也喜欢动物,他尤其喜欢户外运动——当然这也是英国人普遍的爱好。他的这一特点在拉格比公学读书的时候表现得尤为明显。大家知道,拉格比公学是享誉英国的一所著名公立学校,堪与温莎的伊顿公学媲美,然而当西蒙踏着祖父的足迹走进这所学校的时候,心里想的却似乎不是怎样好好读书,而是怎么"玩"好。拉格比公学是英式橄榄球的发源地,英式橄榄球因此也被叫做"拉格比足球"(Rugby Football),于是他打橄榄球——其实在入读拉格比公学之前他就因板球运动出色而担任过唐斯中学(the Downs School)的板球队队长。不能说他把所有的时间都花在了打橄榄球上,但至少他将很大的一部分时间都花在了包括橄榄球在内的各种运动上,甚至还花了半年时间跑到法国南部的一个滑雪基地去教滑雪。以致于整个拉格比公学读书期间,西蒙的运动成绩远远好于他的学习成绩,用他自己的话来说就是:"除了学习,什么都好。"当然,西蒙之所以能够在一所以严谨和传统著称的所谓贵族学校里"率性而为",还是得益于英国学校一贯重视并倡导的体育和运动精神。因为在他们看来,只有四肢发达了头脑才能不简单——当然霍金除外。反过来说,一个体弱多病但智力强大的人并不是英国教育培养的目标。西蒙实际上是自觉不自觉地顺应了这种英式教育的育人要求,因此他尽管"除了学习,什么都好",或者我们稍稍把这句话"解读"一下——"除了体育,什么都不好",但拉格比公学还是让他毕业了,还是让他和威廉·韦伯·艾利斯、科林伍德、张伯伦、路易斯·卡罗、萨尔曼·拉什迪爵士⑧以及上百名国会议员、皇家大法官、外交官等一众精英一样,毕业了。

13 西蒙·霍沃思博士

如果照这么写下去,哈哈,读者诸君会不会以为我要为您"奉献"一个虽然不学"有"术但在您看来实际上是不务"学"业的纨绔子弟花花公子西蒙呢? No!此吾所不欲也,西蒙也绝不是这样的人。话说中学毕业后,西蒙循着他父亲的足迹进入了位于英格兰东南部伯克夏郡首府雷丁市的雷丁大学。雷丁大学虽然不是英国的顶尖大学,却有全英国也是全欧洲最顶尖的"农业与林业学"专业,而这又是最令"农民"西蒙心仪的,于是奇迹在三年级也就是英国本科教育的最后一年发生了。之前的一、二年级,西蒙的学习成绩依然如在拉格比公学时一样差强人意,甚至还不如,经常挂科,化学老师甚至要求他退学。这一年,西蒙开始全面发力学习,就像他打橄榄球一样,持球奋力狂奔,频频触地得分,不仅用一年时间一"雪"多年的"无学之耻",而且毕业后跳过硕士这一级,直接攻读英国著名农业经济学家、雷丁大学教授马丁·厄普顿(Martin Upton)的博士研究生。英国的本科教育是3年,硕士研究生仅1年,博士则要苦读5年。尽管读博期间不得不回到自由绿色庄园帮助父亲料理农场,直到两年后离开家族企业并在剑桥做完了农场之外的第一份工作才重操学业,西蒙还是"后发制人",前后用了8年时间完成了博士研究生的研究课题,并以一篇题为《公司的成长》(*The Growth of Firms*)的长篇论文,获得了雷丁大学经济学博士学位,从而成为Dr. Simon Haworth(西蒙·霍沃思博士)。因此,当您再问"西蒙是谁"的时候,我就要回答:西蒙既是一个农民,西蒙又是一个博士。

14 画家西蒙

凡是去过自由绿色庄园那幢老宅的人,去过阿什维尔西蒙家里的人,都会被那里随处可见的美术作品所吸引。这些制作精美装框上墙的美术作品,有的是霍沃思家族成员的各种肖像,有的描绘了英伦三岛的风土人情甚至异域风光,有些则是各种风景、静物、人像的写生,可以说不一而足琳琅满目啊。它们的风格,或栩栩如生惟妙惟肖—遵传统绘画之古韵,或夸张变形狂放不羁尽显现代艺术之新风,显得不拘一格,且创新多变。殊不知,创作并展示这些美术作品的其实并不是别人,正是西蒙·霍沃思本人啊!"啊,难道西蒙还是一个画家吗?"看到这里,您也许会发出这种的惊叹和疑问。是的,西蒙还是一个画家,那些至少在我看来不逊于专业水准的美术作品,而且大多数还是油画,皆出自西蒙本人之手。而我说西蒙还是一个画家,或者说至少是一个不错的业余画家,应该说是一点儿也不带吹嘘吹捧的,即令他是一个业余画家,其绘画水平我想也是一点儿也不"业余"的。我并不是学美术的,对绘画也没有多少研究和发言权,之所以敢这样"妄加评判",是因为我注意到西蒙创作的家族成员肖像作品,比如他父母亲的、他兄弟的、他妻子的以及他孩子们的,都相当地传神,可以说是画龙点睛吧,达到了神似之效果。而之所以说它们"神似",是因为我和霍沃思家族的这些成员都有接触,有的还是多次接触,因此已经相当"面熟"了,对他们的个人经历、兴趣爱好等也多少有些个研究与知晓。而神似,不正是一个绘画者所追求的至高境地吗?能够达至"神似"的画者,焉有不专不精者乎?也正是基于这样一种"朴素"的评判方法和判断标准,所以,若您三问"西蒙是谁",我就要回答:西蒙既是一个农民,西蒙又是一个博士,西蒙还是一个画家。

其实评判一个人是不是"家",或者一件事情是不是做到了"家",除了看他做事的水平外,我觉得还要看他是不是能够持之以恒水滴石穿,也就是考察他做这件事所经历的时间

西蒙打开画夹,拿起油画棒,三下两下就画出一棵树的雏形。

余坦坦/摄

和目的。现实生活中,我们看到许多人做事急功近利,走速成急就的捷径。这些人也能够成功,或谓成名成家,但这"名"有许多都是浪得虚名,这"家"往往也很不到"家"。现实中我们还看到另一些人,他们不急不躁,甘于寂寞深耕,有的甚至几十年如一日乃至于穷一生之心力而兢兢业业于某一件事,或百折不挠,或精益求精,有的干脆就是借此养心怡志而已,并不求诸名利,所谓只事耕耘不问收获也。我要说,这样做事才是做到了"家",这样的人才是真正的"家"。如果从这个角度来观察,西蒙在绘画方面的所作所为所思所想正类似于后者。据西蒙回忆,他大约是在上个世纪90年代开始学画的,而之所以学画,纯属雅兴,绝无功利之欲求。20年来,他坚持作画,不求闻达于画界,只求内心之美好安宁,当然他的生活也的确因为绘画而变得更加美好。并且也正是由于西蒙的这种雅好,无论是自由绿色庄园霍沃思家族的那幢老宅还是阿什维尔他自己的新家,看起来都更像是一座美术馆,相信凡是去过这两个地方的人都有与我同样的观感。其实关于自己能写会画这一点,在我去英国访问之前,西蒙从未向我提及只字,若非亲眼所见,我还真不知道他于绘画方面竟有如此天才与造诣呢。即使那些与他共事多年的中国同事对此似乎也是闻所未闻鲜有所知,他们后来还是通过我的描述才知道自己的英国老板原来还是一个多才多艺诗意盎然的画家哩。据此我也常想,这多少也反映出现代英国人的一种品格吧:低调、保守,讲求内敛,不事张扬;视卓越为寻常;

听凭内心的召唤行事;孤独而不求败……而西蒙,不正是这样一群人的一个典型代表吗?阅读至此,读者诸君若有所思乎?

15 喜欢"折腾"的创业家

农民也好,博士也好,画家也好,观西蒙前半生,我以为他首先是一个创业家。如果说西蒙的农民身份是"天生"的,博士身份是"偶然"的,画家身份是"业余"的,那么他的创业家身份则是自己选择的,是必然的,也是专业的。因为如前所述,这正符合他的天性:他喜欢在人生和事业的道路上"折腾",并且是不停地"折腾",花样翻新、创业打拼、经商办企业可以说是他人生大道上的必由之路,是他人生大舞台上的必然王国,武汉那句著名的城市口号"每天不一样"似乎是为西蒙量身打造的,舍之,则不成其为西蒙。事实上,大学毕业后,确切地说是拿到博士学位后,西蒙可以做一个安安稳稳的大学老师或者去谋一份坐办公室的白领工作,每天只需像英国大多数高级知识分子那样,品着咖啡或茶,翻着《泰晤士报》或《竞技场》,就可以优哉游哉地过上中产阶级的幸福生活,而无需为稻粱"谋"。然而当西蒙揣着求职信和一大堆求职资料,来到剑桥大学试图谋一份"体面"的教职时,面试他的两位教授却为了当天喝什么茶而讨论研究了上十分钟,将求职心切的西蒙晾在了一边,当两位教授讨论完毕准备开始面试的时候,西蒙已经不辞而别了。"他们的效率太低了!"西蒙这样向我解释他当时不辞而别的原因,追求高效率快节奏的他显然难以适应这种慢腾腾的工作与生活方式。"如果我当时通过了面试并且留了下来,那只会有三个结果:在学校里发现了新的人生道路;变成了另外一个人;疯了。"西蒙说。而无论是哪一种结果,对于喜欢户外运动,尤其是在人生的道路上也喜欢做"户外运动"的西蒙来说,都"不好玩"。最终,西蒙选择了创业,就在剑桥创业,并且持续多年,直到现在。尽管当年面试他的两位教授没能给他留下美好的第一印象,但他认为剑桥是世界科技的制高点,占据着世界科技发展的最前沿,站在这个平台上可以放眼全球前瞻未来,占据这个前沿或者从这里出发去创业打拼,则可引领世界科技或具备引领产业发展潮流之优势。实际上,"创业"这个词儿,确切地说是"创业"这种状态,贯穿于西蒙迄今为止的整个人生。从自由绿色庄园第一次创业——与人合伙种植销售香料并打造出"Green Valley Herbs"("绿谷香料")这个香料品牌起,到在英国、美国和中国等地先后创建14家科技公司,再到如今发起创建总规模30亿元人民币的中英基金,西蒙在创业的道路上,可以说是"只有逗号,没有句号",时刻处于整装待发跃跃欲试的状态。而这种状态,在高度发达也高度福利化的英国,可以说已经是比较鲜见了,因此与目前守成收敛的其他英国人相比,西蒙更像是一个另类。

16　宋文君:"我的老板……"

其实对于"西蒙是谁"这个问题,最有发言权的,我想莫过于西蒙所创之康倍达(武汉)生物科技有限公司副总经理宋文君女士了。宋文君既是西蒙多年的合作伙伴,与西蒙团队一道在武汉创业打拼多年,又是西蒙的中国事务秘书,负责与中英两国政商企校各界的沟通协调,因此对于西蒙及其所从事的事业,宋文君可以说是知之甚多亦知之甚深。2017年9月30日,西蒙获颁中国政府友谊奖后,包括新华社、中央电视台、《中国日报》、《长江日报》、英国《每日电讯报》在内的诸多国内外知名媒体纷纷报道,宋文君也写了一个帖子发到她的微信朋友圈:

近两年来关于我的老板西蒙·霍沃思博士的报道层出不穷,近期老板荣获中国政府友谊奖后,更是多次登上国内外著名报刊的头条。

作为老板的下属,一个有着12年党龄,有着深深爱国情结的青年中共党员,我想客观地谈一谈我的老板西蒙·霍沃思博士。

首先,他是一个商人,但绝对是个有情怀的商人。2009年他开始开展中国业务,2012年他第一次来到中国,一直到现在。先后有多名中国友人十分认可他的为人,希望和他在别的领域开展合作,尽管可能会为他带来丰厚的收益,但他还是谢绝了。他总是严肃地告诉我:我只做对我的国家(英国)和中国都有益的事情。尽管我知道我现在所做的事情非常艰难,之前也没人做过,但这绝对是一个对两国都有重大意义的事情,我一定会坚持下去。

其次,他是一个有大无畏精神的人,勇于创新,敢于尝试和冒险。在别的英国新兴产业企业家都还不敢真正到中国来开展业务,对中国仍有诸多偏见和误解(因语言、文化、体制等各方面的差异),或者说根本不了解真正的中国是什么样的时候,他来了!他引进英国一所大学科学家实验室的科技成果作为来中国发展的"实验案例",通过这个实验案例在中国的发展,他几乎亲身了解了国内成立和发展企业的每一个细节。现在他正在引进他最重要的业务——中英基金(致力于将英国和欧洲的新兴产业技术领域的世界领先技术带到中国发展,创造新的中国产品)。原来,前几年的一切都是在为这个伟大的事业做铺垫。作为中英之间第一个吃螃蟹的人,他一步一个脚印,正朝这个伟大的事业一步步迈进……并且,他几乎每次从中国回去后都会在他英国公司的网站,以及个人推特、Facebook上发表文章介绍中国,以让更多人真正了解中国。

最后,深深折服我的是他的个人品格和人性化的先进管理方法。因为两国诸多方面的不同,歧视和误解真的很折磨人,这几年他在促进中英两国文化贸易交流的过程中,体会颇深，经常做了好事反而不讨好，甚至有时也遇到对他非常不公平的做法，但他总是用我们中国的一句老话"以德报怨"来回应，并且比我们很多国人都用得好，这点我自己都觉得惭愧。作为他的下属，他从未苛责于我，并且对我管理很宽松，却积极地调动着我的执行力和工作主动性，也成功地激励着我不断学习和改进，勇敢地去迎接每一个挑战，尝试着了解和探索新的领域……

他总说要做连接中国和英国的桥，把家族和中国的故事传承和发扬下去，促进中英两国在生物医药、农业、清洁能源和大数据等领域的合作。我相信越来越多的人会了解我们，加入我们。我坚信这一伟大的事业定会取得成功，为我们国家的创新发展助力。

与宋文君女士相识多年，这是我看到的她所发的最长的一个微信朋友圈帖子了，足见其有感而发。帖中所言之西蒙种种，其实在与我的多次谈话中她也多有涉及，只是谈话中情节更丰细节更细，帖中所发仅是提纲挈领而已。

而西蒙也在他给宋文君的一则微信里，抒发了他对中国对武汉的热爱之情：

在过去的几年里，我把我所有的资源都投入到中英之间的交流中，原因似乎很明显，我不太明白为什么其他人现在并没这么做。

我的动机与三个互补的因素有关：个人动机、商业动机和对未来的期望。

从个人方面，中国有许多东西让我着迷：艺术和文化、食物和饮品、在一个陌生的地方探索时所受到的对个人的挑战、语言的神秘（尽管我7岁的女儿现在已足够容易瓦解那些神秘），最重要的是，人民。我很荣幸能在中国（也在武汉）追随我祖父母的足迹。正如我祖母在她的日记中清楚地写着：我亲眼看到了中国人民的善良、礼貌、幽默和忠诚。感谢武汉的朋友们，我也爱上了热干面！

在商业上，由于中英两国商业模式的差异，我经历了很多挑战，我花了很长时间来学习如何与中国的商人打交道。然而，我的中国朋友们帮助我更多地了解了中国人的期望以及如何与中国人交流，所以我现在才刚刚开始把中国市场所呈现给我的巨大机会变成现实。在商界，中国最令人印象深刻的特点是它有能力拥抱增长和变革。在过去3年里，我们目睹了中国医疗监管体系的全面重组、知识产权保护政策的实施、产品定价的简化，以及许多其他国家花了数十年时间才实现的更具戏剧性和积极意义的创新。从英国的角度来看，中国的增长和变化的速度几乎是不可想象的。在此期间，我曾向数百名英国首席执行官和商业发展领袖建议，他们必须与中国打交道：如果他们希望自己的企业在未来几年蓬勃发展，那么，他们必须在这个不可思议的中国市场中找到自己的业务。

我曾多次引述说,现在轮到中国了。但这意味着什么呢?在我看来,几十年来,世界领袖的接力棒从一个国家慢慢地传到另一个国家。英国多年来一直自豪地高举着这一指挥棒,现在美国暂时拥有它,但很快就必须把它拱手让给中国。现在轮到中国发挥领导作用了!我很高兴能为把英国的创新能力、理念和英国人民与我们在中国的朋友们联系起来尽自己的一份微薄之力。

最后,我必须多谈谈武汉——我的第二个家。我第一次去,是因为一位中国商人带我去武汉参加著名的"3551光谷人才计划"项目。和大多数英国人一样,我此前从未听说过武汉。这位商人是中国的伟大推动者,也是我的好朋友,武汉的其他人继承了他的优秀工作能力。事实上,武汉人民履行承诺的能力,是确保我们将业务活动集中在武汉最为重要的因素。因此,武汉为英国公司和其他进入中国的国际公司提供了完美的软着陆点。

所以中国抓住了我的心、我的智慧和我的希望。最后其他人也会跟上来。

17 乔治·亚瑟·路易斯·霍沃思

好啦,写到这里,"西蒙是谁"这个问题应该已经比较清楚了吧,看了上面的那些"报道",我想大家应该知道西蒙究竟是何许人也了,有关西蒙的"浅入"式"报道"至此也就可以告一段落了。然而且慢,在为本书主体部分《剑桥笔记》划上句号之前,还有一个重要人物没有亮相,这个重要人物即使不说我想大家也都猜出来了:他,就是霍沃思家族中国故事中的第六代人——西蒙的长子乔治。

西蒙有过两段婚姻,与前妻育有两子一女,与现任妻子、印度裔的加拿大籍美女法莉娅(Fawzia)又生了一个女儿阿玛拉(Amara),乔治就是他和前妻生的大儿子。乔治的英语全名是"George Arthur Lewis Haworth",翻译成中文就是"乔治·亚瑟·路易斯·霍沃思",名字也够长的是不是?作为一名在自由绿色庄园成长起来的英格兰"西部牛仔",乔治自然也有他自己的有趣故事,但作为霍沃思家族的一个成员,他与中国的故事才是本书所要关注的。因此在这里我们只是重点写写他与中国有关的故事,并且限于篇幅,也只能是概述一下而已。至于他的其他故事,尤其是他与中国的详细故事,未来我也许会在其他有关英国或霍沃思家族中国故事的书籍里加以描述,这里就不详叙了。

兴许是受到祖辈们冥冥之中的召唤吧,当然更是受到父亲西蒙的熏陶和影响,乔治的中国故事比他父亲西蒙开始得更早,还在他19岁的时候就已经掀开了篇章,而他的父亲西蒙直到50岁时才第一次来到中国。并且,在西蒙的4个子女中,乔治是目前唯一到过中国的,而且,还到过两次。

第一次是2012年9月底到圣诞节之间。地点是上海。

目的是在父亲西蒙当时供职的上海新生源医药集团实习。当时他即将成为英国雷丁大学的一名学生,而雷丁大学正是其祖父和父亲共同的母校。一家三代人接力上一所大学,这是不是很有趣?其实这在英国很普遍。之所以谈起这个话题,是因为"承继"是英国文化中的一个很重要的特点,王室的承继、家族的承继、勋衔的承继、事业的承继、遗产的承继、文化的承继等等,构建了英伦社会、经济、文化绵绵不绝生生不息的千古辉煌。而乔治的首次来华,正是秉承父命,承继霍沃思家族绵延了五代人的中国故事,并使之发扬光大,焕发新机。在这首次来华的日子里,乔治住在大上海钢筋水泥森林中的一间租来的公寓里——这与英国的城市生态可是完全不同,经历了从迷茫惊惧到逐渐适应再到喜欢留恋的曲折漫长的身心过程,包括饮食上从开始的每天吃方便面到后来的经常去品尝麻辣火锅、起居上从开始的两点一线蜗居一隅到后来的走街串巷云游四方,等等。值得一提的是,尽管时空大挪移,物非人也非,比较乔治·霍沃思与120多年前他的祖辈哈瑞·加德姆的首次中国之行,我竟然发现他们有许多有趣的共同点:比如说都是家中长子,且年龄相仿;比如说都是秉承父命,来华工作实习;比如说都是出于好奇,为此不惜冒险;比如说都是第一次独自离家远行,到万里之遥的亚洲;比如说开始都心怀畏惧,但最终都恋恋不舍,期望再来,等等。乔治在上海的这段经历,与哈瑞·加德姆当年在上海时的经历,何其相似乃尔!马克思曾经说过"历史往往有惊人的相似之处",在首次来华的亲身经历与心路历程上,乔治与他的祖辈哈瑞·加德姆居然"不谋而合"了。这也应了中国的那句俗语:不是一家人,不进一家门。假如说代际之间真有什么遗传密码的话,我想那说的兴许就是这个吧!

第二次是2014年。地点还是上海。目的是到一家国际地产中介公司的上海分公司打工,也就是帮助中国人在英国买房子。与第一次的实习不同,这一次是正式工作,因此每月有1000英镑的收入,这笔收入和在英国比不高,但与中国比也不低,因此乔治可以在市中心租房子住了,工余时间则要么泡吧,要么运动,要么唱卡拉OK——日本发明中国流行的卡拉OK在英国可是少之又少,还兴致勃勃地参加了许多具有中国特色的活动,比如到安徽铜陵参加一位中国同事的婚礼并担任伴郎等等,和他的祖辈哈瑞·加德姆一样把"中国日子"过得潇潇洒洒。其中令他印象殊深的,恐怕当属与父亲西蒙的北京之行。在那次难忘的旅行中,乔治参观了故宫,第一次穿上了龙袍,体会了一把"做中国皇帝"的味道,那张身着龙袍的照片也成了他两次中国之行最具标志性的写照,每逢谈起中国,必亮出来"炫耀"。与第一次来华最大的不同是,上一次是秉承父命而来,而这一次则是自己要求而来,上一次来有"从命""任务"的因素在——尽管其实他自己也很想来,但这一次则是主动、自愿而来,心情心态皆大不同。加之有上一次的经历打底,因此日子过得也完全不同,可以用"有滋有味"来形容吧。"我做了什么,为什么要罚我到中国来?"第一次来华时,每每遇到挫折,他总是这样问自己。"中国是一个多么令人激动的地方啊!"第二次离开中国时,望着前来送行的中国朋友,他发出了这样的感慨。而这种感叹,与120多年前他的祖辈哈瑞·加德姆离开中国回到英国时发出的感叹,又是何其相似乃尔!

如今的乔治,已经从雷丁大学毕业,并获得房地产与投资金融学位,在伦敦一家房地产公司供职。鉴于他是家中长子,父亲西蒙有意将家族与中国友好交往的接力棒传给他,而乔治也乐意继承先辈们开创的中国事业,续写家族的中国故事。两次中国之行,加深了他对古老中国的感受和认识,他甚至希望所在的公司也能够去中国发展业务,如果公司不去,他就可能自己去。他说,自己准备第三次去中国……

18 结束语:激动人心的时刻就在前面

行文至此,我的"剑桥报道"也接近了尾声。那么,该用一段什么样的话来作为本章的结束语呢?

恰当此时,我收到了西蒙写来的一篇短文,写的是他来中国时的最新见闻及感受。如下:

我的出租车已经开得很慢了,然后终于停了下来。对面有一个水果摊,旁边有一个皮肤晒得黝黑、笑容可亲的年长摊贩。进展缓慢一点也不奇怪:我刚从伦敦抵达北京机场,然后又像往常一样,一路乘坐长途出租车前往北京市中心。

一个顾客来到水果摊,和摊贩聊天,然后挑了一些好看的苹果。我想知道这些水果值多少钱,于是仔细观察看看交了多少钱。但这位顾客只拿出了一部手机,让我惊讶的是,年长摊贩也从口袋里拿出了一部苹果手机。在数字化的瞬间,交易完成了,钱从顾客飞向摊贩,苹果也在前往顾客的路上了。

我得说我很惊讶。我每年大约来中国6次。上次我来中国的时候,电子支付才刚刚出现,可如今,一个普通的市场摊贩就可以用它来卖苹果。这是怎么实现的啊?

我没有多少时间考虑这个问题,因为过了一会儿我们就到了我住的酒店。我把两张100元的人民币递给司机,但马上发现司机的脸上流露出为难的表情。他扬了扬他手里的手机,显然是希望我用微信或其他数字方式付钱。如果采用老的也就是现金支付的方式,那么他没有足够的零钱找给我!

这里实现了多快的变化啊!尤其是在技术方面。对于一个在中国登陆的外国人来讲,这可能是非常令人震惊的。这里采用数字支付系统的速度对于我来说是完全不同寻常的。我付了的士费——司机无法找兑的零钱权当我给他一笔不错的小费,然后走进酒店大堂,并提醒自己接受这次旅行中我将不可避免经历的种种改变。毕竟,一旦结束在北京的会议,我将飞往武汉。在那里,甚至连城市口号也在谈论变化:"武汉,每天不一样!"

武汉在我的中国之旅中发挥了难以置信的重要作用。我第一次来到武汉是在2012年,当时中国的联系人告诉我这将是一个做生意的好地方。我必须承认,我和英国大多数商人一样,此前从未听说过武汉。对我来说,我来武汉是因为这里的商业生态系统很好,生物医药行业颇具代表性,像光谷生物城这样的园区已经建得很好了,资金和其他方面的支持也是随时可以得到的。

这种商业支持的承诺是我最初来到武汉的原因,但不是我留下来的原因。与那些准备采取行动帮助一个缺乏中国经验的外国人进入一个陌生市场的人们建立的建设性友谊,是促使我在武汉创业的原因。中国其他的许多城市也宣称提供几乎相同的支持——减税、人才奖励、商业网络和免费办公场所,它们都努力让我把自己的企业搬到他们的科学园去,但除了武汉,其他城市都没有人来采取行动帮助我个人适应中国市场。

比如我刚来武汉的时候,光谷生物城的闫主任就帮助我了解生物城,并引荐潜在的合作伙伴。当他发现武汉商界领导人中很少有人了解我的生意时,就抽时间将我介绍给《长江日报》记者肖女士,她立即把我在光谷的创业行动作为英国技术中国化的一个例子加以报道,这很快帮助我们接触到更多高级别的政府官员和商界领导人。闫主任的继任者钱主任继续他的出色工作,并和同事喻女士一道与我们联系,以帮助我们继续发展武汉的业务。《长江日报》的余坦坦先生则接手了向中国市场解释我们的投资兴趣的"任务"。我们的业务开始增长,并且吸引更多的英国企业像我们一样与武汉建立联系。

不久,我被武汉市授予"黄鹤友谊奖"。2016年,武汉市一位领导访问剑桥时,我又遇到了她。这次会面让我和武汉的关系进入了一个全新的层次,因为这位领导和我抱持同样的观点:我们应该让英国的剑桥和曼彻斯特与中国的武汉站在一起,建造一条进出英国的技术创新的超级高速公路。激动人心的时刻就在前面!

与中国的接触令人振奋,但对一位英国商人来说,这并非没有挑战。有时候,感觉中国正忙于采取紧急行动,以至于没有时间进行必要的规划。项目管理有时候也被证明是困难的,对于寻求从远距离监督合同的外国企业来说这是一个非常大的问题。因为承包商对外国客户如此"尊重",以至于拒绝与他们分享坏消息。这是非常令人沮丧的,因为这意味着我不能及时听到我可以轻易解决的问题……直到一切都太晚了。如果员工隐瞒坏消息,员工管理也会有类似问题。与剑桥相比,中国的授权制度有很大不同。中国员工对被告知具体要做什么有很高的期望,而不是对一项任务拥有主动权。如果中国学者能够设计一套从全球授权科学中吸取精华并加入必要中国特色的授权制度,中国的生产力就可以得到极大提高。

但对一位与中国打交道的英国商人来说,获得全面利益的机会远远大于挑战。中国比英国更容易获得资金。中国正在寻找新的、经过验证的、真正的工业产品以满足中国市场的庞大需求,比如英国市场上的众多产品。双赢的合作似乎显而易见。当然,问题不在于建造一座桥,而在于说服人们过桥。

在未来,我希望通过推行三项重要计划来协助这个过程:

首先,我们正为武汉市在英国剑桥和曼彻斯特的发展提供支持。我的团队已经做好准备帮助中国企业进入英国,就像中国帮助英国企业进入武汉一样。

其次,我们正在与武汉市有关方面和中国投资者合作,建立一个投资基金,为武汉市引进英国的成熟技术。新的中英基金专注于医疗科技、可再生能源和食品创新。该基金将大幅增加中国正在开发的基于英国技术的新产品数量。

最后,我们认识到,只有将英国和中国的年轻人联系起来,我们才有希望消除跨文化的误解。所以我们正在开展一项重大的青少年交流计划——"王朝青少年交流计划",为了双方的长远利益而将两国的青少年联合在一起。

当飞机降落在伦敦时,我想知道我下次回到中国时会发生什么变化。我也意识到,我需要尽自己的一份力,为到达英国的武汉商界领导们提供个人支持,就像武汉的朋友们在我的中国第二故乡武汉为我所做的那样。武汉的来访者一定会发现,英国热烈地欢迎他们,英国的主要城市都会有展示武汉的窗口,英国人很愿意和他们交流。我希望我可以提供我的个人支持,就像吸引英国人到武汉发展一样吸引武汉人到英国发展。

"这个世界上,不光13亿中国人民在做'中国梦',在地球的另一端,在遥远的英国,也有一个英格兰家族在和我们一起做着'中国梦'。这个家族,就是古老的霍沃思家族。而圆梦者,正是西蒙·霍沃思……"就让我用西蒙的这句话,来为本章,也为本书的主体部分《剑桥笔记》,画上一个圆满的句号吧。

注释

①舒体,由中国当代书法家舒同创作,又经孙志皓手写定模定型,别立于已有的真、行、隶、草、篆之外而自成一家的一种书法体。

②哈德良长城(Hadrians Wall)是一条由石头和泥土构成、长约118公里横断大不列颠岛的防御工事,由罗马帝国皇帝哈德良于公元122年兴建,坐落于今天的苏格兰境内。哈德良长城是罗马人征服不列颠期间留下的最重要建筑之一,1987年被列入世界文化遗产名录。

③客里空,苏联1942年出版的剧本《前线》中的一个角色——前线特派记者。"客里空"原文意为"喜欢乱嚷的人""好吹嘘的人""绕舌者"。在剧本里,作者用讽刺的笔法,刻画了客里空不上前线,不深入部队,每天呆在前线总指挥部里信口开河,弄虚作假,"创造"新闻这一形象。

④刘索拉是中国著名小说家、作曲家和人声表演艺术家,其代表作《你别无选择》被视为中国新时期"先锋派小说"的首批作品。

⑤见本书"剑桥笔记"部分第1章《阁楼发现》。

⑥五个"W",即新闻作品五要素:Who(何人)、What(何事)、When(何时)、Where(何地)、Why(为何)。有时候还要加上一个"H"(How),即"怎么样"。

⑦英国和中国在楼层的表达上有所不同。英国将地面第一层称为"The ground floor",将地面第二层称为"The first floor",依此类推,地面第三层是"The second floor",地面第四层是"The third floor"……顶层为"The top floor"。所以这里所说的老宅一楼,按照中国的说法,实际上是二楼。

⑧威廉·韦伯·艾利斯(英式橄榄球之父)、路易斯·卡罗(英国作家、《爱丽丝梦游仙境》作者)、科林伍德(英国哲学家、历史学家兼考古学家)、张伯伦(曾任英国首相)、萨尔曼·拉什迪爵士(印度裔英国作家),都是拉格比公学校友。

附录1 英国日记

和你在一起[①]
——与西蒙一家人相处的日子

2016年9月30日晚,我们乘坐的南航CZ660航班从武汉天河机场准点起飞,由此开始我的第二次英国之行。除却旅行、探亲,此行的主要目的,是访问《剑桥笔记》一书将要讲述的人物,为我的写作搜集材料。15天后,也就是10月15日晚,当我回到武汉时,除了沉甸甸的走访记录、上千张照片之外,还有36000多字的日记,可谓满载而归。这些日记,逐日记录了这些天与西蒙及其家人相交相处中的点点滴滴,可以说是为西蒙及其家人所作的人物素描,以及现场与日常生活场景速写。回来后加以整理,收入《剑桥笔记》,希望读者能借此加深对这一家英国友人的印象和了解。为方便读者阅读,出版时对日记中的英文及名称作了翻译或注解。

2016年10月3日(星期一) 晴

由于时差的原因,更多的是由于兴奋的原因,早上5点半,当然是伦敦时间了(此时是北京时间中午12点半),我就起来了。起这么早还有一个重要原因,就是想赶在早上7点

· 177 ·

敲钟的时刻,去亲耳聆听一下威斯敏斯特教堂的钟声,那闻名世界的钟声。因为在武汉城市宣传片《大城崛起》中,开篇第一句就是:"江汉关钟楼,和上海关一样,每天回荡着威斯敏斯特教堂的旋律……"每次市民大讲堂放暖场片时,都听到这句话,这次终于来了,并且住在教堂附近,干吗不去听听呢? 至少回去也有一个谈资了:瞧,我亲耳听到威斯敏斯特教堂的钟声了,哈哈。当然还要收拾行李,因为今天就要退房,前往曼彻斯特附近西蒙父母家了。

早上的伦敦已有些冷,虽然预报温度和武汉差不多,但实际上比武汉要冷很多,要穿上毛衣外套才行。其实平时我穿衣服很随意的,但考虑到这次是去英国,是与西蒙的大家庭见面,所以我特地将几年前去日本买的一件风衣翻了出来,一路上穿在身上,显得还蛮有派。和西蒙打交道,也耳濡目染了。西蒙每次都是西装革履,收拾得很干净,无论怎么忙,多么辛苦,都是一副绅士派头,我发现要保持他这种习惯很辛苦,但值得我们学习!

西蒙考虑得很周到,将我们的酒店安排在伦敦最耀眼的位置——大本钟对面、威斯敏斯特桥旁边,所以一出酒店的门,不,在酒店里面,就可以看见大本钟、威斯敏斯特桥和泰晤士河。酒店名叫公园广场酒店(Park Plaza Hotel),是一家很高级的酒店,应该在四星级或五星级,只是英国酒店好像不分级。

伦敦的早晨行人稀少,但车水马龙。不过今天是周一,人多一些。

沿着威斯敏斯特桥过泰晤士河,真是人生的一大享受。两边是波光潋滟的河水和耸立的古老的建筑(当然不是很高),对面就是大本钟、英国议会大厦和威斯敏斯特教堂。对了,还有伦敦眼!它们一起沐浴在晨曦中,那种景致,的确是很美很美。

6点40分从酒店出来,且行且摄且观察。7点之前,我们来到威斯敏斯特教堂跟前。这还是我第一次走近威斯敏斯特教堂。零距离感受威斯敏斯特教堂,还是很古朴、很肃穆、很壮观、很震撼的,毕竟是皇家教堂。7点到了,赶紧打开手机视频,将威斯敏斯特教堂的旋律摄录下来,发到群里或朋友圈,或带回去给人看。然而却没有响,只听到远处的大本钟当当当当敲了7下。难道是维修吗,还是?总之没有响。真是遗憾呀!

抱着多少有些遗憾的心情回到酒店。充电,上网,看看朋友圈对我所发《英国掠影》系列的反应。从到伦敦的第一天起,我就开始发《英国掠影》,主要是图片,加上一些说明,到昨天睡觉前已经发到"之六"了。朋友、群友们的反应还是比较热烈的,点赞、回复的不少。

我们是10点22分的火车,因此8点40分就从酒店出发。当然临走前没忘了在房间的桌子上放两枚50便士的硬币,算是小费[②]。一出门,正准备叫的士,旁边酒店的玻璃门里突然窜出一个帅小伙,问我们是不是要的士,我说是,于是

· 179 ·

他又热情地跑到马路另一边喊的士。很快的士就喊来了,是一辆老爷车,伦敦的标志性景观之一,当然我也很快将兜里的一大把零币一股脑儿都抓给那个小伙子作为小费,行李箱也是小伙子帮我们提上车的。

很快就到了国王十字(King's Cross)火车站。这是一个很漂亮的火车站,兼有现代与古朴之美,这是英国普遍的特点。在这里不需检票入站,也没有安检,乘客自由进入候车大厅后,都聚集在两块巨大的电子屏下面,昂着脖子盯找自己车次的时间。只要看发车的时间即可,发车时间后面会滚动显示站台号、是否准点以及预计发车时间,下面则显示起点到终点的所有站名。我很快找到了我们车次的发车时间。时间还早,站台也没有确定,但预计发车时间显示是"On time"("准点"),于是我们就在候车大厅等,等着站台号出来。票是昨天导游带我们来车站买的,从伦敦到我们与西蒙会合的斯蒂夫尼奇(Stevenage)车站,票价14英镑,相当于人民币120元。

不到10分钟,站台号就出来了,我们连忙拖着行李进站。这是我第一次坐英国的火车。之前听导游说,英国的火车很旧很破,都是绿皮车,实际上英国的火车虽然很旧但一点也不破,就像这个国家一样,处处显示出它悠久的内质和精湛的工艺水平。车上寥寥无几人,整趟列车大概有8节以上的车厢,但似乎乘客不超100个人,我们所在的车厢里只有6个人。之前听说英国的火车都跑得很慢,上去一坐才发现完全不是，不仅不慢，而且快得吓人，时速应该在160公里左右，几乎相当于我们的动车。不过进伦敦的列车上人还是非常多，我们等待发车时，来了一趟车，那人多的不亚于国内。

　　风驰电掣！仅仅26分钟，我们就到了斯蒂夫尼奇车站。这是一个比较小的火车站，但也有两层还是几层，不过据西蒙说在英国算是一个比较大的火车站。正拖着行李往出口走时，突然后面气喘吁吁跑过来一个人，一把拉住我们，回头一看，哈，原来是西蒙！我们已经有两个多月没见面了，自然是热情地握手寒暄一番。西蒙似乎永远穿的都是那款蓝色的意大利BOGGI牌子的棉布西装，永远都是那种朝气蓬勃的样子，永远都是一副娃娃似的笑脸，永远都是一个"阳光大男孩"。"咦，怎么就你一个人，没有看见我们的翻译小谭、小陈夫妇呢？"一上车我就问他，于是西蒙把行程表指给我看，这才知道翻译夫妇是12点24分才从约克出发，13点44分到达曼城，再在曼城附近一个叫克鲁（Crewe）的车站与我们会合，从斯蒂夫尼奇到克鲁，开车还要3个小时！而早上西蒙从家里出发到斯蒂夫尼奇已经花了半个小时，天哪，真是服了西蒙了，干劲儿真是大呀！这就是西蒙，一个永远也不知道疲倦的"大男孩"，一个永远在天上飞、在地上跑的人——他昨天晚上才从北爱尔兰的贝尔法斯特飞回来，一个充满了生活热情与工作激情的男人！

　　汽车在高速公路上飞，在蜿蜒曲折的乡间公路上也是飞。西蒙的车开得好快！出了伦敦，英国天空"虚假"的一面

2016年10月3日,菲利普·霍沃思爵士(左三)在自由绿色庄园设晚宴款待我们。 谭佳龙/摄

渐渐露出了它的真容:天空蓝得都不真实了,白云也都像是假的。我一般在路上是不发朋友圈的,但此时我还是忍不住发了《英国掠影》之七,图说就一行字:此时此刻,从伦敦到曼彻斯特的路上……内容也只有一张图片:蓝天白云下的高速公路、树荫和田野。发出去后很快博得一片点赞。这是最具英国风格的乡村图景!

我们提前到了克鲁。路上,在一个服务区,西蒙请我们吃了一个"small lunch"(西蒙的原话,英国人有时因为赶路或工作忙,常常会在路上吃一个便餐)。我这个人不喜欢吃麦当劳、肯德基什么的,但是西蒙买的这顿便餐——一个三明治和一杯巧克力,味道却很好,尤其是那个三明治,吃了还想吃。快到克鲁时,翻译小陈突然发来微信说他们的火车遇到有人卧轨,临时改道、延迟。

等候的时间我下车参观了一下克鲁车站。这也是一个小站,但干净、现代,设施齐全,非常方便。这就是英国的风格:小而全,精而美,有巨大的休闲空间,但没有任何冗余。也许是怀疑我有什么商业企图甚至安全问题,见我不停地拍照,车站一个女工作人员居然跑过来问,我说我只是拍拍而已,说小站"beautiful",我感觉她似乎又有些诧异,据西蒙后来说英国人有时候难以理解外国人的许多拍照行为。于是她笑笑,说"OK、OK",就忙自己的去了。后来西蒙告知,克鲁车站实际上是英国最大的火车站之一,是一个铁路枢纽,有点像汉口火车站,并且站台拥有"英国最长站台"的美称。

谭佳龙、陈晨夫妇终于来了,看上去似乎有些倦意。西蒙下车迎接他们,握手,简单问候,然后朝本日的目的地——西蒙父母家出发。

谭、陈夫妇都是约克大学的博士研究生,一个学经济学,一个学健康经济学,一个是孝感人,一个是武汉人,都是上次来英国访问时认识的。因为上次他们给我们服务得很好,都是志愿者,所以本次来前我征求他们的意见,可否再给我们当翻译,他们很热情地答应了,说刚好交完博士论文,有时间,并且不要任何费用,只需西蒙提供交通和食宿即可。后来在和他们的交往中我也得知,其实他们对我采访写作西蒙及其家族中国故事的事情很感兴趣,因此才放弃休息并且不计报酬过来给我们当翻译。

很快,就到了西蒙父母的家——自由绿色庄园。哈,时隔两个半月,又来了!不过这次可是带着真正的写作任务来的。车刚停稳,西蒙的父母就从门里出来迎候我们。还在路上,老太太就打电话给儿子,第一句话就是:"Where are you?"("你们在哪里?")迫切见到我们的心情溢于言表。早在来之前,西蒙就告诉我们,他妈妈将亲手做一顿地道的英式晚餐欢迎我们。一进屋子,我们就闻到了一股香喷喷的味道,晚饭早点开始吧!哈哈!

将行李搬上中国习惯叫做二楼、英国习惯叫做一楼的房间——西蒙说他就是在这间房里出生的,我们就一起来到楼下的客厅里。车上,西蒙给我们交代了三点,也是他父母希望的:一是要随意,不要客套,否则老人会不自在;二是不要去扶抱老人,因为老人觉得自己还年轻,不希望把他们当老人看;三是不要只顾自己说话,要和老人说话,哪怕是我们几个中国人自己聊天,也要翻译给他们听。我们一一曰"好"。

两位老人对我们的到来很高兴,一起坐在客厅里与我们聊天。我们首先将礼物拿出来送给他们:一幅双面汉绣《松鹤延年》,这是我们特意去武昌一个汉绣工坊买的;两袋"周黑鸭"。老人对礼品很有兴趣,仔细问询了解,尤其对"周黑鸭"充满好奇。尽管说了很辣,两位老人还是兴致勃勃地各自吃了一个,还将骨头喂给他们的爱犬尼禄。尼禄居然也吃了,哈哈!我们又将送给西蒙一家的礼物也提前拿出来送给西蒙,同时也展示给两位老人看,老人对那个四川变脸玩具尤感兴趣,拿着使劲玩,挺逗人的。

西蒙带我们简单参观了一下他父母的家。上次我来过,有一些印象,但这次才知道墙上挂的许多画竟然是西蒙画的,西蒙原来还是一个画家!参观完毕,感觉这样一个老宅就是一个博物馆,墙上、屋里的每一个角落和桌上、台上都挂满摆满了照片、艺术品等,让人目不暇接。几百年的历史都被完整地保存了下来。英国在文化保护方面为世界做出了榜样,这一点体现在每一个英国家庭、每一个英国人身上。

晚餐摆上来了,烤羊肉,青豆,烤土豆,奶酪,果酱,红酒,一顿地地道道的英国大餐!听说我们来,西蒙的二哥马克特意赶来帮忙张罗。马克有些像查尔斯王子,有些贵族气质。西蒙的父亲有"从男爵"头衔,是一位爵士。来英国前,我在向别人介绍西蒙时,都说他是一个英国爵士,但西蒙却不以为然,尤其不喜欢我这样称呼他。他说,英国的爵位只传长子,自己是家中三子,无缘爵位继承,所以也不是爵士。

晚餐在轻松、愉快、友好的气氛中结束,餐后还有甜品,是用从院子里采来的水果做成的果酱,新鲜的,热的,非常好吃!对了,前面我一直用的"晚餐"这个词,我觉得应该用"晚宴"比较好,因为这个词才能显示西蒙一家对我们的盛情,而西蒙一家也确实是以盛大的情怀来款待我们的。他们一家,他们家族,真是中国人民的好朋友,世世代代友好下去的好朋友!

也许是看到我们有些困顿,原来安排的宴后谈话就取消了。餐桌一收拾好,西蒙父母就和我们说晚安,似乎是提醒我们可以休息了。实际上我是很想和西蒙一家进行交流的,很想在这美好的夜晚,在这美好的地方,与这样一群美好的人,好好交谈交谈……当然也许老人们也要休息了,奔波了一天的西蒙更是要早早休息为好,因为明天还要奔忙。

我们和大家道了晚安,回到二楼的房间。房间因为我们的到来显得有些凌乱,但很是温馨,很是温暖。英国10月份已经有些寒意,但这一个夜晚将是十分温暖怡人的,这都是因为有西蒙,因为和西蒙家人在一起。

2016年10月4日(星期二) 晴

早上,确切地说还是凌晨,4点33分我就醒了,还是时差的问题。醒了就干点事,反正也睡不着,昨天的日记还没写呢,于是我就开始伏在被子上躬着腿写日记,一写就写到早上8点钟,差不多5000字。所以昨天的日记实际上是今天补写的。昨天实在是太累太困了。手写到酸,几乎抬不起来。在伦敦的时候,突然有了写日记的想法,全程记录此次赴英访问西蒙家人、与西蒙及其家人相处的全过程,并将之收入将要写的《剑桥笔记》,内容要详细、真实、生动、全面,有趣有思想,不是流水账。

写完日记就起床,西蒙一家已经在吃早餐了。早餐很简单,面包加果酱加牛油,都是他们自己做的。外面比较冷,早餐在玻璃房里吃,但里面比较热,西蒙见我热,便将房顶天窗打开,立即就有一股清风透进来,顿生凉意。我注意到西蒙打开天窗使用的是一个手动的铁钩子,西蒙告诉我,这根铁钩子实际上是一根帐篷支柱,并且在他出生之前就已经有了,不知道为什么父亲一直都没有把它丢掉。下午回来时,我发现用来开厨房门的,也是一根铁丝做成的门闩。英国虽然是高度现代化的国家,但各种手工、传统工艺都很好地保存了下来,令人惊奇,也感觉新鲜。

原定上午采访西蒙父母,但临时改为随西蒙去曼城参加一个会面。据说是去会见曼城一个商界领袖,此人将为我介绍武汉友城曼彻斯特市的一些采访对象。而西蒙父母中午也要外出赴一个宴会,天啊,都90岁了,还有饭局啊! 10点整出发,一分不早也一分不晚,西蒙每次都是这么安排也这么准时。

汽车在蜿蜒曲折的乡间公路上飞奔,速度快得吓人,尤其是会车时,两车均没有任何减速的迹象,一闪而过。路过岔路口或住宅门前的路口时,西蒙也没有任何减速的迹象,照样飞驰而过。我问会不会出事,比如突然有人窜出来什么的,西蒙说"不会"。其实从自由绿色庄园到曼城有高速可走,西蒙为了让我们看英国乡村风景,特意走了这条路。西蒙总是这样细心,为别人考虑,安排得很周到。昨晚吃饭的时候,西蒙说为了抓紧时间,今天路上也可以采访,所以一路上,我们就提了一些问题,主要围绕他儿时的成长。西蒙于是给我们讲了许多儿时在此生活的故事,不时引来一车人的笑声。

因为避开了高峰,加之走乡间公路,所以差不多半个小时就到了。曼城还是那么有味,这是我第二次来。与伦敦相比,其实我更喜欢曼城,不光因为它有辉煌的工业革命的历史和遗迹,还因为它的那种特有的红砖建筑。这些建筑构成了曼城最有魅力的独特的城市景观,从高楼大厦到高架桥,几乎清一色的红砖,让人称奇。我欣赏曼城的另一个原因,是它无处不在的创新,建筑创新,商业创新,文化创新,还有曼联、曼城两家足球俱乐部永不停歇的足球创新。有些创新似乎很细小,但引人瞩目。比如中午我们在一家意大利餐厅吃饭时,餐巾纸就与通常的白色不同,是大红色的,非常显眼,前天在伦敦吃饭时,餐馆还给我们提供了黑色的餐巾纸,让人亮眼。

泊好车后,我们跟西蒙来到一个叫"the Manchester Growth Company"的地方,在牛津街56号一座叫"CHURCHGATE HOUSE"的大楼的二层,英国叫"first floor"。办完登记手续,稍等,要会见的商界人士就来了。这是一个帅气的小伙子(姑且这么说吧,因为我不知道他的年龄),递上来的名片上写的是"曼彻斯特中国论坛"执行总监,名叫申瑞。一开口,他竟然会讲一口流利的中国话,再一问,原来他太太是北京人。我简单介绍了写书的情况,申瑞就热情地与我交谈,并推荐了3位可以采访的人。从谈话中得知,他们家族也有五代人与中国友好交往(比西蒙家少一代,他说),自己从小就受中国文化之熏陶,所以娶了中国太太,生了混血宝贝。谈话时间不长,因为西蒙说他泊车的时间快到了,于是我们就握手道别,相约他11月访汉时"请他吃饭"。

回去的路上,西蒙特意带我们走了一段弯路,去看一下周边地区,途中就路过了此地富豪的一些临湖豪宅。据他说,他父母居住的一带,是英国的富人区,不少足球明星就住在这里。昨天晚餐时,他的哥哥马克还说鲁尼就住在离他家不远的地方。鲁尼可是我最喜欢的球星。上次来曼城时,我还特意到曼联俱乐部买了鲁尼的10号球衣。果然是豪宅区,一大片豪宅,大门深院,充满神秘感。车子经过一个叫纳茨福德(Knutsford)的小镇,只有两条平行街,居然有一家迈凯伦汽车专卖店。到家时已经下午两点了,但西蒙父母吃饭还未回来,西蒙不知道大门上防盗报警器的密码,进不去,所以我们只好在厨房里呆着,家中的那条狗正在那里恭候着我们。

大约3点钟的时候,西蒙的父母才开车回来。父母回来之前西蒙已经带着我们在院子里转了一圈,大致介绍了一些树木、建筑的来龙去脉,我一一用相机记录下来,没有做笔记,回去根据照片凭记忆写文字吧。西蒙的父亲回来后又带着我们屋前屋后地转,不时介绍给我们听,如后院一棵看似小实则有百十年头的树是谁栽的?门前为什么有个大池塘?墙上的一张照片是谁?那些画都是谁画的?等等。这样大概讲了两个小时,直到快6点钟,老人们又要忙晚饭了,我则趁机写今天的日记。

晚饭推迟到8点多才开始,通常他们严格控制在7点30分开始,可能是下午西蒙父母忙于为我们介绍耽误了弄饭时间吧。西蒙的哥哥马克依然过来帮忙,晚餐依然是三样:三文鱼、烤土豆条、西葫芦,再加红酒(西蒙反复说这是马克图便宜而买的廉价红酒,不过味道还可以)。三文鱼是本餐的"大菜",因为昨天还是早上吃饭的时候,西蒙就向大家预告过晚上会有三文鱼。

席间,西蒙的父亲谈起他对中国语言的一些困惑。他说自己虽然不懂法语、德语,但听得多了,也会慢慢懂得,但中文他怎么听也还是听不懂。而西蒙则对中国的普通话推广会不会导致方言消失感兴趣。我于是从一个语言学习者的角度对他们的疑惑一一作了粗浅的解说。

谈兴正浓时，西蒙的母亲看了一下表，说已经9点15分了，时间不早了，还要看照片。因为我写书需要西蒙家的老照片，于是我们大家就移师书房。西蒙从父亲的书桌里搬出两个大抽屉，里面全是照片，一家人谁的都有。除了几大抽屉，还有二十几本大相册，西蒙的父亲翻箱倒柜从各个柜角里翻出来。西蒙一张一张地捡，一张一张地看，拿到好的、有趣的，就递给我和他妈妈看，然后由我决定是否留下扫描。从中我们看到了西蒙及家人许多从小到大的照片，包括一张妈妈把西蒙抱在怀里的照片，甚至有西蒙第一任妻子的照片。总之，西蒙家族的几乎所有照片，各个年代的，最早的有一九二几年的，全都保存了下来。英国人对于历史的尊重和保护，确实令人惊叹与佩服，由此我想到了大英博物馆。

实在是太困了，从早上4点33分起床到现在，将近20个小时没有睡，我实在是撑不住了，倚在客厅里的沙发上就迷糊了起来。睁开眼睛时西蒙说已经把我闭眼休息时的照片拍了下来，照片说明将是"坦坦正在研究他的作品"。哈哈！

顺便说一下，《剑桥笔记》的开头，计划从去年西蒙听说家族与中国故事后，爬上阁楼翻家族资料写起。下午我特意让西蒙带我去看了那个阁楼，在顶层，里面乱七八糟堆满了东西，一个家族的许多历史也许就沉睡在那里。

2016年10月5日(星期三) 晴

昨天咬牙没有早睡,因此一夜睡得还较好,时差估计倒过来了。OK!

早饭依然是自己动手,饭后差不多8点了,赶紧出发,与西蒙一起,去曼彻斯特接我的女儿,女儿在曼彻斯特大学,翻译小谭同去。

车行不久,即有小堵,接近曼城,更是长达十几公里的堵车长龙。车辆缓慢移动,差不多9点半的时候,才到女儿所在的公寓,比预约时间晚了半小时。返程比较顺,所以很快就回到了自由绿色庄园。

离午饭还有两个来小时,西蒙安排我与他父亲继续交谈,他则在一旁记录、补充。老人于是一边带我们在屋前宅后参观,一边又谈了农场和祖宅的一些故事。其中一件事既惊险又有乐,那就是西蒙小时候一次和爸爸训练猎犬时,竟然不小心用枪打中了爸爸,至今爸爸身上还留有不少铅弹。谈起记忆深刻的事,西蒙说了一些"不好"的事:比如哥哥马克出车祸昏迷了几天;爸爸中枪;好友吉利(Gilly)驾驶拖拉机在去农场的路上失控撞到木头上,自己被挂在拖拉机的拖车上差点丢命;等等。"So many!"("太多了!")我说好事一般记不住,只有坏事才刻骨铭心,西蒙连说"是"。不过西蒙的好友吉利引起了我的注意,因为他是西蒙早年最好的一个朋友,后来甚至搬到他们家来住,成为他们家的"养子",尽管从未公开过。可惜一个月前得病去世了,不然找他采访,一定能挖出不少西蒙家族的故事。

今天就要离开自由绿色庄园前往西蒙的家了。临走时,西蒙请我在玻璃房墙上他画的自由绿色庄园示意图镜框上写几个字,要求从中国古诗词中选,内容最好是写花园的。我上网搜了一下,选了各有来源的两句,在前面分别加上"主人""嘉宾"两词,写在上面:

主人欲盛千场饮

嘉宾四望锦屏开

落款是:余坦坦2016年10月5日。写完后,西蒙要为我照相留影。之后,我又为他解释了两句古诗词的意思,估计他似懂非懂,因为他说,他在向朋友展示这个题词时,须先花力气弄懂它所表达的深奥意思。对于中国文化,西蒙总是充满兴趣,但碍于语言和思维方式不同的原因,他只能是浅尝而止。对了,他曾经对我说,他曾鼓励自己的女儿凯蒂学中文,但是没能获得她学校的支持,学校只希望她学法语或西班牙语。凯蒂很有语言天赋,能够轻松地学习中文,令人沮丧的是学校没有看到中文的价值,等学校意识到学习中文对孩子们的将来有多重要时,孩子们再来学习就太迟了。西蒙为此感到困惑和遗憾,但仍继续鼓励他们学中文。

中午,西蒙的父母请我们在附近的一个餐厅吃饭,算是给我们送行。这个餐厅上次访问时来过,西蒙也是在这里请我们一行二十几人吃的饭，叫"皮弗钟声"，旁边有一个至少750年的小教堂和一片碑墓，给人以历史感。餐厅的房子为黑白相间的颜色，据西蒙说，凡是这种样式的房子都是比较古老的。依然是西餐，披萨什么的。我主食点了一份鸭胸肉，其他人有点煎饺的，有点咖喱饭的，每个人都是大大的一盘，看上去挺吓人的。午餐中，西蒙母亲与陈博士相谈甚欢，话题主要是中国生活方面的。后来才知道，因为前两天我们吃饭时，总是谈一些大的话题，老人参与很少，因此她觉得冷落了客人，所以今天午餐，特意要陈坐在她身边，因为陈讲一口流利的英语，好与之谈话，加强交流。看来之前西蒙的提醒是对的，要多与老人谈话。2点15分，西蒙看看表，说该走了。西蒙是个极其守时的人，这是英国人的典型特性。从餐厅里出来，老人热情地和我们道别，然后走到右车门前，拉开车门，请夫人上车，很绅士，再走到左边上车。都90岁了，他们出行都是自己开车，当然是出近门，如果出远门，比如去伦敦，西蒙说他们还是会请司机或坐火车。西蒙为此还讲了一个笑话，听他妈妈说附近有一个97岁的老太，一次因在限速30迈的路段超速，被警察抓住，送去学习。后来她总是超速，因为学习班上的警察很帅，她说自己喜欢帅哥。

西蒙开车送我女儿回曼城，很快就到了。下车时，西蒙用英国方式与我女儿道别，吻了女儿的脸颊，女儿似乎不太习惯。

汽车开始朝下一个目的地剑桥附近赫特福德郡西蒙阿

什维尔的家飞奔。一路上我们没有谈书的事情，一是谈了一上午，想换个话题，二是比较累，想让自己也让西蒙休息一下大脑。于是谈了一些中国历史上的问题。

西蒙说要赶在晚上7点之前到家，因为那样5岁的女儿阿玛拉就可以迎候我们了。汽车果然在7点之前进入阿什维尔村庄，此时天已擦黑，路灯、树林显得异常安静。终于到了！阿玛拉和法莉娅出来迎接我们。阿玛拉特意做了一个明信片送给我们，上面写着：Welcome to Ashwell! Love from Amara！！！（欢迎来到阿什维尔！来自阿玛拉的爱！！！）我们则把我们的礼物川剧变脸和小熊猫袋子送给她。接受礼物的时候，阿玛拉特意闭上眼睛，手伸出来，享受接受礼物的那种乐趣。此时西蒙给我挤了一下眼，意思是让我将汉秀熊猫送给他老婆。法莉娅是印度裔人，出生于非洲乌干达，4岁时移民加拿大，她在英国学习和工作12年后，一次在伦敦特拉法加广场观看户外歌剧视频时认识了西蒙。

晚餐依旧是披萨，开始不想吃，后来越吃越有味。席间我问西蒙，为什么英国人吃饭时总喜欢把灯光调得很暗。西蒙说他觉得吃饭时就应该把灯光调得很暗，这样很温和，自己和妻子晚餐时总是在餐桌中间点一根蜡烛。不过他谈到一件事，说自己永远也不可理解，就是妻子总喜欢白天将家里所有的灯都打开，而晚上却都关上。是这样吗？那我们也不可理解。

饭后不早了，谭、陈回他们的小旅馆，小阿玛拉早已入睡了。我们刚准备进房整理、休息，西蒙却要我们陪他去超市购物。回来时已经9点多了，撑不住了，赶紧熄灯入睡。床很软，今晚应该会睡得很好。

阿什维尔，第一个安宁舒适的英国乡村夜晚……

2016年10月6日(星期四) 晴

早上7点就醒了，可以听见客厅和走廊里阿玛拉的说话声和法莉娅的脚步声。西蒙说他早上7点半要送孩子去上学(大概是幼儿园吧)，所以我们也不好打扰他们，静静地等在屋里，上上网，等他们走了再出去洗漱。后来西蒙对我说，其实他是很希望我能够和他们一起去学校的。

7点半以后，外面安静了，于是我们出来洗漱、早餐。早餐吃到一半的时候，法莉娅下来了。看样子她是要出去跑步，因为她正在穿一双跑步鞋，问了一下她，果然是。我们简单聊了聊，法莉娅告诉我，她现在在亚马逊公司上班。这时西蒙回来了，过了一会儿，谭、陈二人也过来了。于是我们就出发前往剑桥，时间正好是10点。

汽车又在乡间的道路上飞奔。一路乡村风景奇美无比，半个小时左右，就到了剑桥。今天的安排是去剑桥大学图书馆查西蒙家族的资料，然后去见西蒙的合作伙伴艾伦·白睿(Alan Barrell)。车子停在剑桥大学图书馆旁边的停车场，西蒙说，这里晚上7点就要关门，所以必须在此之前把车开走，否则我们就要打的回去了。

剑桥大学图书馆,附近的人都称它为"UL",是一幢看上去不那么古老的庞大建筑,建于1934年,1972年进行了扩建,中间是一个很高的塔楼。整个建筑看上去文静朴实有书香气。大楼入口外面一个步行区被用警戒桩隔离开来,但设计者没有用水泥桩来阻挡汽车进入而是用金属桩,并且这些金属桩都被刻意做成书的形状,有的还可以旋转,很有意思。尽管已经预约(进图书馆必须预约,预约则需提供证明自己住址的水电费单据什么的),但进入图书馆第一道门卡又进入预约室时,还是等了半天。一个女工作人员在里面接待,填表,照相,出示地址证明,一系列手续之后,才办好一张可以进出图书馆的临时卡,时限是一周。因为我想要向图书馆捐赠我写的6本书,于是西蒙带我们去二楼的咖啡室,因为在那里有地方坐下来填表。咖啡室有些吵,但与图书馆的其他地方很好地分隔开来。6张表填了半天,填好之后又拿到一楼前台,才将书捐赠给他们。这对我来说是一个重要的时刻,因为世界最顶尖的大学也收藏了我的拙作。若干年后,有人来这里查中国的资料,也许会找到它们。

尽管忙活了半天,但今天的查询搞不成了,因为必须经过怡和集团这家公司的许可才能进入特定的档案室。之前西蒙获得过这家公司的许可,但是因为距他上一次来已经超过12个月,因此需要更换许可证。这意味着我们不得不重新申请许可,只能等下周这家公司同意后再来。

从图书馆出来，时间还早，于是西蒙带我们去一个酒吧小坐，顺便午餐。沿途走过的道，西蒙说，是他当年在剑桥时每天上班都要走的道。路过一座桥和一个渡口，发现是7月我们来剑桥时撑篙的地方。西蒙说，撑篙是牛津、剑桥的一个传统。在酒吧，西蒙一刻也没有停。周和陈去逛剑桥包③专卖店去了。不一会儿，她们就回来了，果然买了几个剑桥包，周还给陈买了一个，算是这几天无偿给我们服务的一个小小的报答。大家又坐了一会儿，西蒙说该出发前往与艾伦·白睿会面的地点了，于是周陈又去逛街。

　　去会面地点的路上，途经不少景点，比如圆形教堂啦什么的，西蒙一一介绍。我十分佩服西蒙的耐心与热情，可以不厌其烦地为客人做这做那，说这说那，而看不出有丝毫的倦意和勉强。

　　到了会面地点，才发现竟是一个绝佳的观景之地——一个叫"SIX"的餐厅，因为在一幢楼的第6层所以叫"SIX"。餐厅既有室内的部分，也有室外（楼顶露台）的部分。站在楼顶露台，几乎可以看见整个剑桥风景。

　　正在兴奋时，艾伦·白睿教授来了。这是一个白头发、矮壮矮壮的英国老头，西蒙介绍说他有76岁了，但面色红润，精神矍铄，拎着一只很大的咖啡色的公文包，和我喜欢的颜色一样。对了，我也注意到西蒙也始终穿着一双咖啡色的皮鞋，也拎着咖啡色的公文包，和我的爱好也一模一样，我只喜欢咖啡色的鞋和包，所有的皮鞋和包基本上都是这个色调。

同气相求，我和西蒙能成为朋友也不是偶然的。楼上好冷，我系好领扣，裹紧风衣。西蒙见状，一挥手，下去。于是我们都下到室内。

我们转入正题，主要请艾伦·白睿谈谈与西蒙的合作及有关西蒙的故事。艾伦·白睿是著名的剑桥大学贾吉商学院驻院企业家，西蒙之前提醒我，只要我提一个问题，艾伦·白睿就会滔滔不绝讲上五六个小时不停歇，果然如此。艾伦·白睿从自己的学术和商业投资经历，谈到与西蒙的合作，又谈到西蒙的故事，滔滔不绝。这样一个问题接一个问题，很快就过去了两三个小时。最后我请他用几个词来形容西蒙，他就伏在案上，刷刷刷写了一大串。我又问西蒙给他印象最深的一件事是什么，他想了一下说，是西蒙家族6代人与中国交往的事。有一个问题我很好奇，就是两人相差20岁，20多年来愉快合作，难道没有代沟吗？西蒙说在英国晚辈与长辈是平等的关系，不存在那么多畏惧和"尊敬"，所以也不存在代沟。他们无话不说，互相学习，是好伙伴、好帮手、好朋友。坐在一边的周补充说，是忘年交。

晚霞中吃了晚餐，我们就起身告辞了，互道"拜拜"。西蒙问，你们是想多走15分钟看看剑桥夜景呢，还是走近路马上上车走人？我说当然是看风景。于是西蒙就带着我们走远路看风景。一路上，路过国王学院，还有霍金揭幕的那个大怪钟——时间吞噬者[④]（Time Eater Clock），也叫"时间食客"。夜幕下的剑桥显得非常神秘，但似乎并不安静。我依

· 199 ·

然是不住地拍拍拍,西蒙他们时不时停下来等我,从未有催的意思。在导游和陪伴方面,西蒙的确是一个好手!

汽车飞速地奔驰在朦胧月光下的乡野道路上,和白天一样快,约半个小时就到了。整个阿什维尔都处于万籁无声的安谧之中,几乎能听到天上云彩飘过时的吵吵的声音,如果云飘有声的话。

有一幕令我难忘,就是一路上那挂在天边仿佛离地平线只有几米的一轮弯月,如同一把铮亮的镰刀。它安静地挂在那里,像收割麦子似的收割着无际铺展开去的夜色,给大地涂上一层淡淡的童话般的色彩……

2016年10月7日(星期五) 阴雨

按照西蒙的安排,今天要去伦敦会见他的另一个合作伙伴罗伯特(Robert)博士。10点整,我们准时从家里出发。西蒙总是非常准时和守时,甚至到了死板的程度,这也许是英国人普遍的习性和品德。西蒙先开车载我们到附近一个叫阿什维尔&摩登(Ashwell & Morden)的小车站,然后再从这里坐火车去伦敦芬斯伯里公园(Finsbury Park)车站,从那里坐地铁到皮卡迪利(Piccadilly)大街,罗伯特博士会在那里等我们。

我们坐的大概是慢车,属于每站必停的那一种,所以过了十几分钟,火车才慢慢地驶了过来。站台上包括我们在内只有6个人，车上人也不多，我们找了一个可以4人对坐的位子坐下来，正好可以采访。路上，西蒙谈了上大学的一些逸闻趣事，有时令人发笑。总之西蒙在学校，从小学到大学，都不是一个"好学生"，不过对此他不仅不感到惭愧，反而是津津乐道，颇为自得。

大约1个小时，就到了芬斯伯里公园车站。谭说，芬斯伯里公园车站这个地方就是当年制造伦敦地铁爆炸案恐怖分子出去的地方，我听了，一阵毛骨悚然。火车站和地铁站都是连在一起的，出了地铁站，就到了皮卡迪利大街。西蒙说，会在前面不远的英国皇家艺术研究院与罗伯特博士见面。

很快到了皇家艺术研究院，随西蒙上楼，来到一处研究院会员聚会的场所，实际上就是一个酒吧或餐厅。酒吧空间很高，布置得非常有艺术范儿，四壁挂了不少画。我问爱画画的西蒙有没有他的作品，他耸耸肩说"No"，估计心里还是希望有。我相信凭他的天赋和才华，有一天也许真的会有。

隔壁就是一个展厅，正在举办一个抽象派大师们的画展，名叫"Abstract Expressionism"（"抽象表现主义"），趁等罗伯特博士的时间，西蒙带我们去看了一下。观展的人非常多，以致于显得相当拥挤，工作人员看了看西蒙的学会会员卡一挥手就让我们都进去了。画很抽象，虽然看不太懂，但还是凭第六感觉体悟到这些大师的思想与表达。从里面处处都有的工作人员我们也断定这是一个重量级的画展。西蒙说，他每次到会所来，只要有画展，都会花20分钟浏览一下。

罗伯特博士终于来了。从介绍中,知道他是剑桥毕业的博士,西蒙身边都是牛人呐。谈话内容与前日艾伦·白睿的一样,主要是谈自己的业绩,以及西蒙本人的情况和他们与西蒙的合作情况。一起吃午饭。要了一份"米饭",结果发现根本不是米饭,难以下咽。

　　乘火车返回阿什维尔&摩登车站,大概5点来钟。因为是周五,西蒙上学的大女儿凯蒂也回阿什维尔来了,一家人其乐融融。晚上,西蒙携妻女在谭、陈下榻的the Three Tuns(三个大酒桶,酒店名)宴请我们。我点的Sea bass,一种海鲈鱼,味道不错,之后的甜点也很不错,是来英后吃的第三顿好吃的饭。饭后即回,因为西蒙的小女儿要在7点左右休息。明天8号是周六,没有访谈安排,拟由谭开车带我们去比斯特购物,然后去伦敦公园广场酒店,好在周日也就是9号与西蒙的长子乔治会面。

2016年10月9日(星期日)　晴

　　住在伦敦眼旁边,不上伦敦眼,实在是遗憾。所以早上起来,在酒店吃过早餐,周、陈她们去牛津街一带逛,我就去坐伦敦眼。邀谭一起去,我请客,谭说自己坐过四五次了,不想再浪费钱,于是带我买好票,又把我带到快速通道后,就回去了,我独个上伦敦眼。上伦敦眼的票分快和慢两种,慢的25镑一张,但要排队,快的35镑左右,但不排队。我一看距与西蒙约定的时间不长了,便花了35英镑,走快速通道。

很快就上了伦敦眼。车厢很大,可以坐二三十人,但没有坐满,显得很空旷,可以随意走动,拍照。从上面,可以俯瞰几乎整个伦敦的美景,今天天气特别好,因此英国如梦如幻的一面一览无遗地呈现在人们面前,美不胜收……

转一圈30分钟,12点之前要退房,与谭约好了11点50分回,所以下了伦敦眼,就匆匆赶往酒店,刚好在11点50分到达。

退了房,将行李放在酒店寄存,我们就在大堂的沙发上坐等。12点10分,西蒙发来微信:"Good morning! George and I will meet you by the hotel front entrance at 12:30, OK?"(早上好!乔治和我12:30在酒店正门与你见面,好吗?)我立即回复"OK!"并与谭约好12点28分下去。

12点28分我们下来,一眼看见西蒙一个人坐在门口的沙发上,乔治此时也从门口进来,父子俩热情地拥抱,又与我们握手寒暄。然后一起上大堂,在一边的吧里坐下。西蒙的意思是一边吃午饭一边访谈。坐下来似乎有些吵,于是又带我们继续往里走,在尽头靠窗的一个地方坐下来,点好菜,就开始访谈。

乔治是西蒙的长子,今年23岁不到,1993年出生的,雷丁大学毕业,刚参加工作,在一家商业地产中介公司上班,是伦敦金融城商业地产和写字楼的咨询顾问,专为商业客户买卖租赁写字楼提供服务。小伙子个子在一米八左右,长相英俊,高高的鼻梁,深陷的眼窝,一副典型的英国相儿。乔治谈起话语速很快,这是英国人共有的特性,对我们外国人而言就是他们共有的毛病。他们以为我们都听懂了,因为他们说完这一通后总会问"Do you know?"("你知道吗?")实际上我们一句也没听懂。但英国人不管这些,还是自说自话,显得很是自信,说难听点就是自以为是,以自我为中心,而不管你听得懂还是听不懂。

访谈从基本的开始:什么时候出生,地点;什么时候上小学、中学、大学,地点;等等。乔治都一一回答,西蒙则在一边补充,有时候干脆就在旁边长篇大论,成了主讲。当然,谈起自己的儿子,西蒙总是话很多。乔治重点谈了他在中国的工作经历,听起来十分搞笑和好玩。关于第一次来中国的感受,乔治总的感觉是惊奇和陌生。但第二次来就好多了,因为这一次是他自己要求来的,并且与第一次来一切都由父亲安排好不同,这一次一切都是由他自己安排的。顺便问了他一个私人问题:谈了女朋友没?没想到乔治回答得很爽朗:谈过。14岁就有了一个女朋友,直到18岁上大学才分手。而分手的原因,是他们在一起的时间太久了。但现在没有女朋友了。问其标准,两条:一是有趣,二是漂亮,仅此而已。与乔治访谈,总的感觉就是:父子二人高度一致,都是雷丁大学毕业,都是调皮蛋、捣蛋鬼,都不好好学习,都喜欢户外运动,都对中国充满兴趣和友好……关于乔治,西蒙已经给我讲过许多故事,这里就不再赘述。

我们4点钟离开酒店，打的一起去国王十字火车站，与乔治合影后分手。然后我们买票，坐火车回阿什维尔&摩登车站。车上人很多，几乎没有位子，只好站着，过了几站，下了一些人，才有空位子。到了阿什维尔&摩登车站，西蒙的妻子开车来接，车子很小，是MINI，所以分两批走。陈、周先走，我和西蒙、谭在车站等。这时天下起濛濛细雨，于是我们就在屋檐下等。一辆老式的路虎车过来，我好奇地举起相机拍，可惜车子已经过去，没想到车子又倒回来，让我再拍。英国人就是这样，开朗，热情，随和，陌生人之间也一样。站了许久，雨停了，我提议干脆走回去，西蒙说好，于是我们拖起行李准备走，可这时法莉娅开车刚好返回，于是我们就上车，漫步乡间小路的计划只好泡汤。

晚饭，照顾我想吃米饭的胃口，法莉娅特意做了米饭，于是来英国近10天，我第一次吃到米饭。

有一件趣事，值得记一下：

去比斯特之前，西蒙交给我一个任务，要我买一件我最不喜欢的东西作为礼物送给他。西蒙的意思大概是：既然你不喜欢逛比斯特，那就恶作剧折磨一下你。因为之前我与他说过，我不喜欢逛比斯特，完全是陪夫人。我不知道为什么，以为是玩笑，但还是当作一件事情来做，不过在比斯特逛了两个小时，也没有买到。于是到了伦敦，就让周、陈利用我们访谈乔治、她们逛牛津街时帮忙代买一件。结果她们还真买了一件，是什么，也不告诉我，说等见到西蒙时再揭开谜底。

见到西蒙时,谜底终于揭开,竟然是一盒油炸昆虫!看了都让人头皮发麻。西蒙对这个礼物很满意,哈哈大笑,晚餐时特意打开,自己津津有味地吃了一个,又让他的小女儿以及我们一一品尝。周、陈不敢吃,我和谭硬着头皮各吃了一个,除了心理上感觉难以下咽,嘴里也没什么味道。哈哈!

饭后大家围坐下来,一边喝茶或咖啡,一边闲谈。

7点30分,西蒙的女儿准时要睡觉了。稍晚,西蒙的妻子也要休息了。此时还有一件事没做,武汉东湖海洋世界的郑总有一个鹰猎文化基金会16日在京成立,会上要介绍西蒙个人和公司情况,因此要弄一个简单的介绍(中英版)。于是谭、陈就帮助西蒙弄这件事,我帮助把中文关。弄好后,差不多10点了,忙碌的一天就又结束了。

2016年10月10日(星期一) 晴

来英国两次了,又住在剑桥西部赫特福德郡乡下的阿什维尔,但还没有实地到乡野田间去走一走,岂不有些遗憾?因为地道的英国生活其实就在乡间,英国历史上那些大文豪们和伟大作品正是这样描绘的,如雪莱、拜伦,如《简·爱》《呼啸山庄》,甚至如《福尔摩斯探案全集》。我提出去附近田间走走的想法,西蒙很快答应了。于是早晨送女儿回来,西蒙就邀上我们,去附近的田野看一看。

出门左拐再右拐,穿过路边树丛中一条小口子,前面就是阿什维尔的田野。行道树后面,就是一大片黄色的野草,有1米高,中间一条小径,一直通向田亩。

早晨的天气不错,云彩很美。英国的天空有一种诡异虚幻、给人一种很不真实的感觉。其一,云的色彩很浓或者很白,或者很乌(不能用"黑"这个词,只是"乌"),与湛蓝湛蓝的天空形成十分强烈的对比。其二,天空似乎很低,你一直可以看到天际线处的云朵。西蒙的解释是英国地势很平坦,所以可以一览到底。三是云的形状怪异,什么形状都有,用波诡云谲来形容正好。

走出杂草,便是一望无际的农田。庄稼割过了,只剩下茬,似乎是麦子什么的。土地是黝黑黝黑的,十分肥沃,仿佛不需要施肥,只要撒下种子,就能自动长出丰满的谷实。

田亩广阔无垠,听说是一个农场主的,全是机械化耕作。远处,还有一个麦秆堆成的方垛,约有三四米高。我们走拢去,一不留神,西蒙已经猴子似的爬了上去,站在垛顶向我们招手。原来垛边有一根绳索,可以顺之攀援。我也爬了上去,视野顿然开阔了许多,阿什维尔的乡间景色几乎一览无余,从两个树隙间刚好可以看见村中唯一的教堂。

今天下午5点,谭、陈二人就要离开阿什维尔,先从剑桥坐火车经彼得伯勒(Peterborough)回到约克,再从约克到曼彻斯特乘机回国,所以午餐是在他们住的 the Three Tuns 吃的。正值午餐,人渐渐地多了起来。其实英国人亦并不像我们说的那样都很安静,有些人吃饭时一样大声喧哗。西蒙之

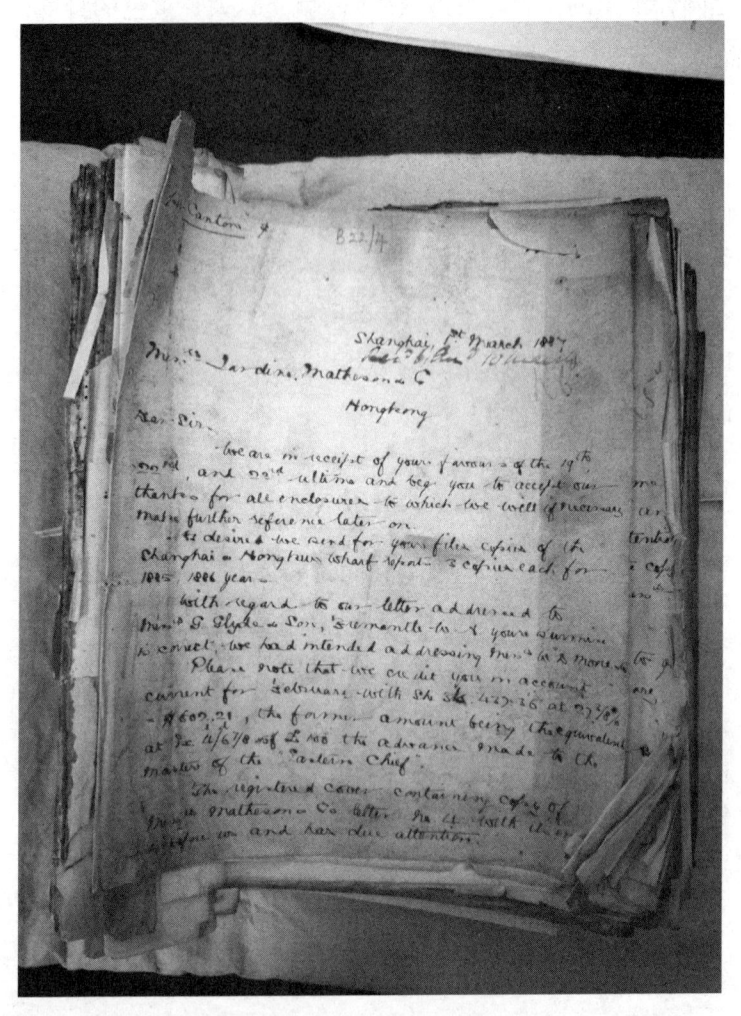

从剑桥大学图书馆收藏的几大本信件集中，我们找到了三封西蒙祖辈的信件，在信上清楚地看到了"Shanghai"（上海）、"Hong kong"（香港）、"Manchester"（曼彻斯特）的字样。

余坦坦/摄

所以要来这里午餐,一个原因是为谭、陈结账。所以吃完饭,西蒙就去结账。结完账,拿上行李,我们就出发去剑桥,去剑桥大学图书馆查资料。

我们没有直接到图书馆,半路上将周、陈放在一家中国超市,让她们买中国佐料,为周三的中国宴做准备——西蒙安排周三晚上周为大家做一顿中国餐。图书馆手续很顺利和快捷,我们直接去了楼上的文献阅览室。西蒙和馆员交涉了一番,馆员就将厚厚的几册文献交给他,这就是100多年前英国商人之间就英中贸易所做的通信。西蒙将我们带进里间的一个阅览室,无人,有一层玻璃与外面的阅览室隔开,非常安静。文献都是用十九世纪马克思用过的那种鹅毛笔写的,有些信件已经脆化,一翻似乎就要掉渣。字迹很好看,具有对称美,很工整易读,并且可能有古英语,西蒙看得很清楚,一句一句地念出来。很快,就从几大本信件集中,找到了三封其祖辈的信件,在信上我清楚地看到了"Shanghai"(上海)、"Hong kong"(香港)、"Manchester"(曼彻斯特)的字样。我们的任务完成了,此行来剑桥大学图书馆查找西蒙家族原始信件的目标也达到了。我拍照留念。西蒙于是开玩笑说,拍照只证明两件事:一是他的祖辈确实与中国做过生意,二是余坦坦确实来剑桥大学图书馆查找过信件。仅此而已。哈哈!

查完信件,我们都如释重负。出了阅览室,西蒙说要喝一杯咖啡休息一下,于是我们就到图书馆里的那个咖啡厅小

· 209 ·

坐了一下。人很多,也很嘈杂,但亚洲人极少,所以我这个中国人往那一坐,立即就有人看过来。

差不多4点了,谭、陈乘车的时间快到了,于是我们就往车站走。车站很快到了,是一个不很大但很经典的建筑,立面在维修。车停好,谭、陈二人取下行李告别。西蒙按习惯吻了陈的面颊。这几天二位不计报酬志愿服务,辛苦了,我们很感谢。

回到阿什维尔,西蒙说"带你们在村里转转",于是开车在村里转了一圈,什么水车房、清泉⑤都看了一下。路过一个小酒吧,西蒙说,这就是女儿凯蒂打工的地方。又专门到村中心的圣玛丽教堂跟前停下,让我下去拍照。教堂很古老,周围有墓地,很安静,没有人。我问英国是不是每个村子都有教堂,他说大部分都有。我又问他信什么,他说自己什么也不信,是个无神论者。

晚饭时,西蒙和妻子跟我们谈了英国吃饭时的一些规矩:一,身子要挺直,不能猴着腰、低着头,在英国人看来,这是一种粗俗、无礼的表现,用英国的说法就是:把食物送到嘴里而不是把嘴伸到食物边上;二,鱼刺、骨头不能吐出来,应该用手拿出来,并且放在盘子里,不能放在桌子上;三,吃饭不能发出声音;四,做饭的人不能洗碗,这是为了感谢他们已经为你做了这顿饭中最困难的工作,但他说这与其说是一个民族的传统还不如说是他们家的传统,尽管做饭的人自己也许并不清楚。

晚餐后，法莉娅说明天要去伦敦上班，7点就要出发，因此先告辞休息了。过了一会儿，西蒙问我，明天愿不愿意陪他送孩子去上学，我说好，于是赶紧也睡。

2016年10月11日（星期三） 晴

早上实在是太困了，所以没能起来。实际上早晨6点教堂的钟声一响，我就听到了西蒙起床下楼的声音了。每当早晨6点的钟声一响，西蒙一家就开始起床忙活了，很准时，也很规律，包括他的小女儿阿玛拉。

谭、陈二位已经回国，所以今天又换了一位叫凯文的华人来当翻译。昨晚凯文已经通过我用微信和西蒙对接好了今天来阿什维尔的时间和方式：上午8:25乘火车来，8:51到阿什维尔&摩登车站，西蒙去接。所以西蒙送完孩子一回来，我就告诉他时间快到了，于是西蒙连忙又跑去车站。约莫9点过一点，两人就从车站回来了。

上午首先要做的，就是为郑总的鹰猎文化基金会成立大会录制西蒙的讲话视频。基金会16日在京举行成立大会，原拟邀西蒙参加并讲话，但西蒙有事去不了，于是便折中请他录一个视频发过去，在成立大会上放，西蒙欣然同意。既然是讲狩猎方面的事情，郑总和我都希望西蒙最好穿一身打猎服，但当我将这个想法告诉西蒙时，被他一口拒绝了，原因是他不想以这种形象出现在中国人民面前，尽管他从小到大都是一个狩猎爱好者。于是早餐后,西蒙就穿上一件休闲外套,不过下面还是套了一双长靴,穿了一条户外活动的长裤,领着我们往家外的旷地走去。西蒙将我们带到一个空旷的农场,决定在这里录制他的讲话视频。这里景色很好,尤其背后有一片树林,还有一大片田野,远处则是阿什维尔的乡村所在,很有狩猎的意味。我们试录了一次,录完后西蒙看了一下视频,指出镜头除了拍摄他之外,在他讲话开始后,还应该扫一下他身后和左前方的背景。我按西蒙的要求开始录像,一次就成功了,时长2分零5秒,非常好。录的时候,凯文将西蒙之前花十几分钟写的讲话要点贴在我身上展开,西蒙好按照上面的要点讲。结束后,我开玩笑说:"你是一个很好的演员!"引得大家一笑。实际上,西蒙也的确有演员天赋,举止言行都很有戏剧效果,和他呆在一起办事、说话是一种艺术的享受。是不是所有的英国人都这样幽默、乐观、优雅?我不得而知。录完后,我立即通过QQ发给我的武汉朋友徐迎桥,请他与西蒙武汉公司的副总宋文君联系并发给她,再由宋转给郑总。嗨,绕了好大一个圈子。此事搞掂,完成了此行一个重要任务。

根据西蒙的安排,今天将去剑桥会见他的长兄克里斯,克里斯的儿子也许会来。之所以要去见克里斯,一则是因为他是家中长子,西蒙"中国人"的绰号就是他起的,想听他讲讲这个绰号的来龙去脉;另一个更重要的原因,西蒙反复强调,是因为一旦他的父亲去世,克里斯将继承父亲的爵位,成为第四任从男爵。

不过临出发时,西蒙又说,是我们去剑桥,还是克里斯来阿什维尔,目前尚不确定,还是先去 the Three Tuns 吃饭吧。餐前,在吧里吧外及上下转了一下,所谓"下"是吧的卫生间在地下。吧的门脸不大,但里面其实很大,除了厅堂之外,后面还有好几个开间,尤其是外面还有很大的露天园和露天吧,木桌木椅,下沉花园,非常开阔也非常漂亮,地地道道的英国乡村酒吧。吧的侧面有一个小门,门旁有树和花,其中的一朵红花开得十分娇艳,在阳光的照射下十分可人。门旁还有一只石制的小狗狗,十分可爱,只是前腿断了爪子,可能是时间久了风雨所致。我依旧点了海鲈鱼,并且吃了个精光。

吃完饭,西蒙确定还是去剑桥。于是我们就又出发前往剑桥。不过与克里斯约定的时间是晚上 6 点半,时间还多的是,于是西蒙就带我们在一个叫 Doubletree 的酒店的大堂吧里等候,顺便继续做一些采访。

我们提前到达与克里斯会面的地点,一个叫"CAU"的酒吧。酒吧不错,但位子显得很拥挤。坐了不一会儿,克里斯就来了,他的儿子奥利弗也来了。我们连忙站起来和他们打招呼,握手,因为位子太小,我们只能半躬着身子。

克里斯有些秃顶,脑门很大,戴着眼镜,一副英国商人的气派。之前西蒙介绍过,说他是做地产的,进一步核实,实际上是做房屋中介的,不是国内的所谓开发商。问了一下他的个人情况,知道他有 4 个孩子,其中两个大的,是现任太太带过来的,之后与她又生了两个,一儿一女,儿子就是奥利弗。他特别强调,因为奥利弗才是他生理学意义上的长子,所以未来也将继承他的爵位,成为一个 Sir。奥利弗和乔治一样长得很帅,典型的英国男孩,才 19 岁,已经是一个演员,难怪有一副明星相,据说已经演了不少剧目了,叫"play"什么的,大概就是话剧。他一样对中国很有兴趣,也想去中国工作或演出,但迄今尚未去过。应我的要求,他就写了下面这句话:

Since as two countries we have artistic and cultural differences, I would like to do a combined play with Chinese and UK artists, and I would very much like to be a part of it.

Oliver Haworth

11/10/16

CAU restaurant Cambridge[6]

话题还是转到西蒙身上,转到家族与中国源远流长的关系上面,克里斯于是又滔滔不绝。他说西蒙"中国人"的名字就是他起的,继而讲述了这个绰号的来龙去脉。又因为他比西蒙大 10 岁,因此家中男孩之间的竞争关系在他们之间并不存在。谈了许多,最后请他用几个词来形容西蒙,他略想了一下,用大写写下这样的几个词儿:

FAMILY MAN(恋家的男人),LOYAL FRIEND(忠实的朋友),OPINIONATED(执着的),KIND(友善的),CHINESE(中国人)!

我觉得这几个词儿很好地概括了西蒙的特点,尤其对于第一个词儿"FAMILY MAN",连我和周都有很深切的感受。记得到阿什维尔的第一个晚上,尽管奔波了一整天,可行李刚一搬进屋,西蒙就招手让我们再上车,陪他去附近的一家超市买东西。有一天从剑桥回来,也是很晚了,可西蒙不直接回家,而是开车 15 分钟又跑到那家超市买东西,一边买还一边吹口哨,仿佛其乐无穷。西蒙说,他喜欢逛超市,觉得看看超市里面出售的商品很有意思。我因此对法莉娅说:你丈夫是个"house-husband"("家庭主夫")。西蒙听后竟也连称:"Yes, I am!"("是的,我是!")

吃完饭,克里斯和奥利弗提前走了,因为要回家照顾他们的狗。我很理解,因为我也养了两条狗,为了照顾好它们,我也常常提前退席。

将凯文送回剑桥的家,我们就往回走。途中,西蒙特意开车绕路带我们去一个很偏僻的乡野看他在剑桥的第一幢住宅。那是一个孤零零的楼房,在月光的照耀下显得有些寂寥。

2016 年 10 月 12 日(星期三) 晴

昨天睡觉前,22 点 21 分,西蒙小窗给我发来一条微信:"If you want to help me take Amara to school tomorrow, then you are welcome to come with us at 07:40.S."(如果明天你想帮我送阿玛拉去上学,那就欢迎你 7:40 和我们一起出发。西

蒙。)原来他还记得带我去他女儿学校看看的事,不过话说得很客气,用了"help me"这样的词句,好像是我在帮助他。英国人就是这样客气,一言一行都礼数到位,让人却之不恭。当然,其实我也很想去看看他女儿的学校,于是很快回复了一个笑脸的表情,并且说"OK"。

这样今天早晨,尽管连日的访谈有些劳累和困顿,6点一过我就醒了,并且在7点一过就起床洗漱。西蒙见我起来了,连忙竖起大拇指说:"good！"7点50分左右,我们出发了。

没想到一上前往伦敦的A1高速公路,就堵。去学校,有一段在这上面走。西蒙无奈地耸耸肩。不过他立即调整路线,拐下一条岔路,绕过堵点。但七拐八拐,还是堵,结果平时只需半个小时的路程,这次花了45分钟。

到了学校,车一停好,西蒙把女儿往肩上一扛,严格地说是让女儿骑在他的脖子上,就朝学区快速走去,也不怕摔倒。学校在一个山丘上。没想到学校是如此之大,有几大片草坪,像一个巨大的农场。所谓school（学校）,实际上是nursery（幼儿园）和primary school（小学）。我问有多少学生,阿玛拉说有几千人。

这是所私立学校,阿玛拉的费用是每学期3310英镑,一年有3个学期就是9930英镑,差不多8万人民币。学校也没看到有校车,学生大多由家长开车送。此时还未上课,一辆辆小车纷纷驶来,一个个小学生背着书包匆匆跑进学校。到了班级门口,阿玛拉与爸爸吻别,场面十分温馨。离开学校正向车子走去时，西蒙碰到阿玛拉同班同学的一个家长，是位华人，5年前从江苏随丈夫前来。与她简单聊了几句，就和西蒙返程了。

今天的主要工作是挑照片。10点多钟凯文一来，我们就开始挑。西蒙家的照片真多，从祖辈的到下辈的，从年轻的到年老的，从过去的到现在的，从黑白的到彩色的，从相纸彩印的到电脑数码的，林林总总，加起来有好几千张。西蒙工作做得很细，照片大致都分了类，比如小学的、中学的、大学的，或老婆的、孩子的、自己的，因此找起来还比较方便。有一部分他父母、祖父母及兄弟姐妹的老照片，在自由绿色庄园时已经挑出来了，所以不需再挑。一边挑，一边听西蒙讲照片背后的故事，很是有趣。全部照片挑完后，大约三四百张吧，西蒙将它们扫描或拷贝到我的硬盘里，由我带回中国再挑，用于书中，每幅由西蒙配写说明。

挑完照片花了好几个小时，正打算休息一下，西蒙不知从什么地方突然端着把枪出来了。哈哈，原来以前我由鹰猎一事谈及枪，他说自己有好几把枪，现在是想展示一下。这是一把双管猎枪，有前后两个扳机，各控制一个枪管，两个枪管的射击距离也不一样，一个近，一个远，杀伤范围都在1平方米左右，散弹。西蒙展示了如何上膛、如何退子弹、如何瞄准，我照样学了一番，但不熟练。转身回屋，西蒙又拿了一支气手枪出来，枪柄是木头的，很是精美。最后，他又拿出一把气步枪给我看，因为我跟他说，上个世纪70年代我家也有一把汽枪。我拿着汽枪在阳台上照了一张相,但双管猎枪他不许我照相,不知为什么。由枪谈及美国的枪祸,西蒙说英国是控枪国家,持证的人家里可以持有猎枪,因为英国的狩猎文化非常发达,有悠久的狩猎传统。这一点和中国一样,他说。但军用枪械是严格限制的。西蒙家族也有狩猎的传统和爱好,许多照片都是反映他家狩猎生活的。这使我想起上次来英国时,住在曼彻斯特市郊区那个酒店,酒店墙上的画大多都是描述英国贵族狩猎生活场面的。打猎、运动、旅游、音乐艺术,看到西蒙一家的生活这样丰富多彩又有品位,我禁不住问,是不是所有英国人还是只有有钱人才这样生活?西蒙回答说:所有英国人都可以这样生活,只要他们想,不论你是否是有钱人。

来前我就有个想法,因为周喜欢做饭,可否在西蒙家做几顿中国餐给他们尝尝鲜。我把这个想法和西蒙说了,没想到西蒙高兴得一蹦老高:"Reallly? Really? Really?"连说三个"Really"(真的),并当即决定周三也就是今天由周做一顿晚餐,并将今天命名为"中国日"。所以今天的另一个重头戏就是周做中国餐。菜,早在第一次和西蒙去超市时就买了一点,前天去剑桥查资料时,又放下周和陈专门去一家中国超市买了一些中国佐料什么的。原定做晚餐,但今天所有人都在,所以中午周就做了一餐:一个土豆胡萝卜丝,一个凉拌豆芽,和红薯、面条。做前,周专门问西蒙和夫人喜欢什么口味的,或者尽量做得适合他们的口味,西蒙却说:"你在家是怎么做

几道"大菜"一端上来，西蒙和夫人就瞪大了眼睛，还没吃就"good"不断，真正开吃了，还是西蒙泼辣，三下两下一盘见底，夫人依旧是小心翼翼地尝试。 余坦坦/摄

的在这里就怎么做。对我们来说最大的荣幸就是你能和我们分享你自己喜欢的东西,而不是将它改变成我们可能喜欢的东西。我们对你在家做的食物非常感兴趣,因为那才是真正的中餐。"中餐端上来后,西蒙咔嚓咔嚓几口就吃完了,津津有味,而夫人则带着很强的尝试心理小心翼翼地一口一口品尝。凯文说,英国人几乎从来不吃面条,所以那一锅荞麦面,对于西蒙和夫人极具好奇与神秘感。餐后,两个人都说"It was delicious"("真是美味"),西蒙估计是发自内心的,而夫人则似乎有些勉强。重点是晚餐,一锅牛腩炖胡萝卜,麻婆豆腐,还有一大锅红枣银耳汤作为餐后甜品。因为阿玛拉要5点吃饭,所以我就先给她蒸了一小碗鸡蛋,结果她还挺喜欢,基本吃完了。几道"大菜"(实际在中国都是再普通不过的菜了,中国人要想在吃饭上忽悠外国人真是太容易了!)一端上来,西蒙和夫人就瞪大了眼睛,还没吃就"good"不断,真正开吃了,还是西蒙泼辣,三下两下一盘见底,夫人依旧是小心翼翼地尝试。餐前,凯文说英国人不喜欢银耳汤,也不知为什么,果然二人都不怎么喜欢。阿玛拉也不喜欢。晚餐到底他们喜不喜欢,我也不知道。

  凯文似乎很忙,没吃晚餐就走了,据他说,与英国人打交道其实很简单,他们只看重两件事:一是诚实,二是守时。但对于今天的晚餐,西蒙和夫人是否表现出"诚实"的态度,只有他们自己知道了。

  阿什维尔,China Day(中国日)!

2016年10月13日(星期四) 晴

一晃12天就过去了,访问也进入了尾声。该见的人大都安排见了,该找的资料也找到了,但该做的访谈似乎还未全部完成。不过,仅靠在英国的这十几天,显然是不可能完成了的,这一点我和西蒙谈过,我俩也有共识,回去后将通过电邮和微信继续进行。十几天的走访、研究下来,西蒙说我已经成了研究他们家史的专家,今后他有什么问题,估计都要找我问了。哈哈,但愿如此。

今天西蒙要做的一件主要的事,是给武汉市一位领导写一封信,介绍一下《剑桥笔记》的写作情况,并约定下次访汉时一起登黄鹤楼。尽管在中国呆了这么长时间,与中国人打了这么多交道,但如何给一位政府官员写信,却是西蒙这个"老革命"遇到的新问题。于是我就将我所知道的有关知识和技巧,一五一十地告诉他。他懂得很快,一点就会,并且很谦虚,乐于接受别人的意见,于是一封情真意切的信就写好了,当然也花了他一两个小时的时间,而不是他先前说的十几分钟。信是用纯正的英文写的,行文措辞都非常英国化,当然出自于一位地地道道的英国佬之手嘛。这位领导的英文应该不错,但西蒙决定还是附一份中文版。于是凯文先翻译了一遍,然后由我来校订,力求每一句译文都能准确表达西蒙的原意。但译文出来后,西蒙在谷歌上一查一译,觉得太中国化了,我也的确将译文作了中国化的处理,他希望译文应该是西化的。于是又请凯文处理,这样弄到差不多晚上六七点,才基本弄出符合要求的译文。我看了觉得不错,西蒙也很满意。不过个别措辞还需要再斟酌推敲一下,时间又不早了,于是决定明天上午再弄。

　　吃饭时,西蒙有些感慨,因为今天这顿晚餐是"最后的晚餐"(Last supper),摇曳的烛光、昏暗的灯光,更增加了这一种离别的气氛。原定7点半吃的,因为主菜没做好,所以推迟到晚上9点多。主菜是蘑菇、胡萝卜、红酒炖牛肉,西蒙说菜名叫"Boef Bourguignon",是法式风格的炖牛肉。西蒙亲自做的,菜切好放进锅里,我亲眼看着西蒙把一大瓶红酒倒了进去,后来觉得不够,又加了小半瓶。晚餐的另一道大菜是Puff,中文名大概是"泡芙",主要是面和苹果,苹果被切成块放到锅里,面则碾成薄片蒙在锅面上,将苹果盖在下面,面上切开一个长口子,据说这样就可以使热空气在烹饪时从里面出去。做这道菜的时候,阿玛拉坐在灶台上,将爸爸切剩的面团揉捏成一个小面娃娃放在一个盘子里。这道菜很好吃,可以说是英式餐点的一个代表作。

　　"这不是Last supper(最后的晚餐),而是First last supper(第一次'最后的晚餐')。"我打趣地对西蒙说,希图缓解即将别离的伤感气氛。"yes!"西蒙对我这种比喻和说法连连称是。"第一次'最后的晚餐'"就在欢快的气氛中结束。

2016年10月14日(星期五)—15日(星期六)　晴

在阿什维尔住了这么些天,还没有好好在村里转一下。今天下午就要离开英国回国了,于是我们决定利用早晨的这一点时间,到村里四处走走。

阿什维尔距伦敦大约1个多小时的车程,火车也是1个小时,距剑桥约20—30分钟的车程,在伦敦的北边、剑桥的南边,地理位置相当不错。

阿什维尔周围被农场、农田包裹。西蒙的家居于村子的一隅,门前一条马路,右、后都有人家,左边是一个大园子。园子被栅栏围着,上面写着"私人花园"之类的字样,未经允许不得擅入。我们在回来的时候,看见一位妇女带着一对双胞胎儿子从车上下来,拿着铲子等工具进到园子,上前问了一下,原来她定期会带孩子过来弄弄花草什么的。据西蒙说,大多数英国村庄会有一块供出租的小块菜地,村民可以租一小块地来种植花和蔬菜,租金也非常低。之前那位妇女带双胞胎儿子进去的那个园子就是这样一个所在。西蒙家门前的那条路,是一条表面有天然砾石的路。西蒙说,阿什维尔村有一个总体规划,规定村里可以有哪些建设,哪些建设不可以进行,其中特别规定村里的道路必须保持为小路,不可以铺起来。这是为了保护村庄的本质。因为村里的小路与主干道是平行的,如果铺平了,很多人就把它当作一条捷径,就会有许多车辆从此经过,从而破坏村庄的原始自然本质,打破安宁的乡村生活。所以当有人要将这条小路铺成水泥路或柏油路时,村里就未予同意。

没有地图,也搞不清方向,我们就凭这些天每日进出村庄的感觉,开始逛。

出门左转,走到石子路的尽头,就是一条柏油马路,往右,通常就是我们每次进出村庄的方向,左边则没去过。右边就不转了,左边呢,也算了,倒是正对面有一条长长的巷子,两边有树和墙,一直通到较远的一个地方,也不知是哪儿,我们决定就钻这条巷子。

刚过马路进到巷口,迎面就有一位妇女推着辆童车过来,后面还跟了个小孩。巷子很窄,几乎容不下两人错身,于是我们就等在巷口,等他们过去了,我们再过。

巷子很幽长,两边都是住房。穿过这个巷子又是一条马路,路两旁都是房子。周想看看村里的商店是什么样的,于是我们再穿过一条小路,来到又一条横马路上时,问一个孩子商店在哪里。那个小男孩很客气地告诉我们要回走、左转、再左转什么的。我们不想走回头路,决定自己"瞎转"去找,于是就继续往下走,不过还是调整了方向,朝小孩指的大方向走。

不一会儿,我们就来到一条"大街",根据判断,此处应该是阿什维尔的中心了。果然,我们看到一家咖啡店,带卖一些小礼品之类的,并终于看到了那家白色的商店,前日西蒙带我周游阿什维尔时,曾经在车上指给我看,所以我对这个商店有印象。不过进去一看,却很失望,店里只有最基本的商品,过生活肯定不够用,所以我们呆了几分钟就出来了,继续走。

我们惊讶地在一处路边发现了一个很大的院落,外面被路边黑色的树木环绕着,似乎是一个大的画廊。我不相信自己的眼睛,进了院子一看,才发现它实际上是一个裱画公司,称为"阿什维尔画廊"。西蒙的画据说就是在这里装裱的。在这么小的一个村落里,居然也有一个艺术场所,实在是出乎我们的意料,可见英国人对艺术的追求几乎无处不在无孔不入。

回去的路上,我们还看到了村里的公立学校。就在一个路口,不时有家长送孩子过来。学校不大,但很漂亮,像是一个教堂。可能条件不如私立学校,所以西蒙的孩子不在这里上学。

一路上,我们特别关注村里的"房地产"。村里的房子不是太多,估计有几百家吧,几乎清一色的都是2层或3层的别墅,不过有单体的,有连体双拼的,也有联排的。总体看上去差别不大,但细看一些房子还是有差别。比如我们就看见一幢很老的房子,后面是很大的花园,门口停着很好的车,一位女主人正在招呼自己的一条大狗,一位行人过去和她打招呼,从她的气度上看不像是普通人。还看见一个围着高墙的大院子,里面有几栋很大的房子,楼层不高,但一看就是豪宅。

也有很小的房子,是一个联排别墅,有很多门。因为按照西蒙的介绍,一个门就代表一户,而那个联排别墅一个挨一个有很多门,估计每套房子楼上楼下加起来也就五六十平方米,属于小户型,再看看门口的车子,也都是大众品牌,并且密密麻麻停了很多。尽管凯文告诉我们,在英国你是不能通过一辆车来判断一个人的身份和财产的,但我估计这个房子是普通工薪阶层或年轻人、单身汉住的。

回到家里时,西蒙已经送孩子回来了,凯文也来了,于是我们继续做事,主要还是将昨天写给武汉那位领导的信最终再审读、确认一下,定稿并打印出来。西蒙很郑重,用铜版纸将信打印出来,正面是英文,反面是中文。打印好后,西蒙又在英文版的抬头处亲笔写上这位领导的姓,在落款处签上自己的大名,然后又找一个大信封装好。除了给这位领导一份,西蒙还打印了一份给我备存。忙活了差不多一天,信的事情总算完成了。

因为忙,竟忘了做午饭,所以午饭就是随便弄了一下,临时炒了一个蛋炒饭。马上就要回去了,到了分别的时刻,大家都有些感伤。饭桌上,西蒙首先作了一番讲话,算是临别感言。他说,首先是感动,因为我们来之前两周,不知道我们来会有什么发生,现在见证了我们的到来,我们已经变成了真正的朋友。但这只是开始,他会将中英友好的火炬传给儿子乔治。尽管因为接待我们,这几天他有8000封电邮没能处理回复,但他还是欢迎我们,欢迎我们再来。而凯文则开玩笑说,每天这样吃午饭,会变胖的,所以是我们走的时候了。我也说了几句,一是感谢他们这十几天的热情款待和周到安排;二是欢迎他们去中国,尤其是去武汉;三是表示回去后将加紧写作,以不辜负西蒙的一颗热爱中国之心。

凯文走了。作为一个在英国生活了十几年的中国人,尽管我们之间只是商业服务关系,但临别时看得出来他还是很激动,感觉眼泪都要流出来了,当然也许是我的错觉。将行李搬上车,法莉娅也出来了。她与周拥抱,希望再见,在英国或在武汉。车启动了,她一直站在家门口招手,直到拐弯看不见了。

车子又在开往伦敦的高速上飞驰起来。没想到西蒙家离高速这么近,一拐出村庄,就上了高速。路上车非常多,川流不息。路也时宽时窄,窄时 2 车道,宽时 4 车道甚至 5 车道。一路上我依然拍照,拍天空,拍车流,拍路边风景,也拍西蒙开车的侧影,他感觉到我在拍他,就侧过脸让我拍,搞得周赶忙提醒他注意安全。一路上话语不多,只 1 个小时,就到了希思罗机场。西蒙直接将我们送到 4 号航站楼门口,我们将从这里飞广州,再从广州飞武汉。难忘的英国之旅就要结束了,我们拥抱,握手,话别。"See you soon!"("希望很快见到你们!")这是西蒙告别时说的最后一句话,我则加了一句:"See you soon in Wuhan!"("希望很快在武汉见到了你们!")我们期待着在武汉相见。

飞机起飞前,我又收到了西蒙的微信:

· 227 ·

Have a good flight.See you both soon! Simon & Fawzia.（祝你们飞行愉快。希望很快见到你们俩！西蒙和法莉娅。）

我则回了：

Thank you very very very……much! Welcome to Wuhan! See you both soon, too.(非常非常非常……感谢你们！欢迎你们来武汉！也希望很快见到你们俩。）

经过 11 个小时的飞行，又经过广州转机后一个半小时的飞行，北京时间 15 日夜晚 23 点 30 分左右，我们平安降落在武汉天河机场。邻居徐翔、宋桂娇夫妇开车接我们回家，已经是 16 日凌晨 1 点多了。洗漱完毕，我给远在万里之遥的西蒙一家发了报平安的微信：

Simon, Fawzia, Amara, (西蒙, 法莉娅, 阿玛拉）

We have already arrived our home.（我们已经到家了）

Thank you very much!（非常感谢你们！）

See you in Wuhan!（武汉见！）

Yours sincerely, Yu tantan.（谨上, 余坦坦）

立即就收到了西蒙的回复：

Wow, Seems like you only just left.Amara is just going to bed. Fawzia says Hello! See you soon.Rgds S.（哇，看起来你们像是刚刚离开似的。阿玛拉就要睡觉了。法莉娅给你们打招呼呢！回头见。致以最诚挚的问候。西蒙。）

我看看表，现在是北京时间 16 日凌晨 2 点 30 分、英国时间 15 日晚上 7 点 30 分，正是西蒙的女儿阿玛拉上床睡觉

· 228 ·

的标准时间,也是他们夫妻俩共进烛光晚餐的时间……可以遥想他们夫妻二人共进晚餐的那种场景,浪漫、温馨、可感……

嗨,西蒙,再见!

嗨,法莉娅,再见!!

嗨,阿玛拉,再见!!!

本章注释

①《和你在一起》是2002年上映的一部中国电影,由著名导演陈凯歌执导。该片讲述一个拉琴少年按照心灵的指引和成长的真实愿望,萌动自己青春枝芽的故事。本章借用该片片名作为标题,意在表达作者在与西蒙及其家人相交相处时的亲切、自在与随性。

②后来我才知道,按照英国当地的习惯,小费通常是当面给的,不能当面给需要留下便签留言,而不是像我那样放在那里。如果在房间里留下钱但没有便签留言,服务员会以为是客人不小心遗忘的。小费的数额,一般是5英镑或10英镑的纸币,我给两个50便士显然少了。并且,在英国给小费的情况通常不像在美国那么频繁。

③剑桥包,英文名Cambridge Satchel,是the Cambridge Satchel Company最先设计的一种学院风很浓的皮质背包,深受中国知识女性喜爱。

④时间吞噬者,也叫时间食客,是一个时钟。这一时钟2008年9月19日在英国剑桥大学考波斯·克里希蒂学院(Corpus

Christi College)正式揭幕,著名物理学家斯蒂芬·霍金参加揭幕式。这个被称为"最怪钟"的时钟,不靠指针或数字计时,而是用一只形态丑陋的机械昆虫"吞噬"分秒,意在提醒人们时间易逝,光阴不再。

⑤阿什维尔的英文是"Ashwell",由"ash"与"well"两个单词组合而成,意即"灰井"。西蒙带我们去看的这条泉水,就是从灰井里冒出来的。我们看的时候泉水很小,但西蒙说,冬雨过后水会增大,每年村里会用塑料鸭子在泉水里举办"放纸鸭"活动,一方面娱乐,一方面也为村务募集资金。

⑥这句话的中文译文是:

因为我们两个国家有着艺术和文化上的不同,我愿意和中英两国艺术家做一个联袂演出,我非常乐意成为其中的一分子。

奥利弗·霍沃思

2016.10.11

剑桥 CAU 餐厅

附录2　电视片解说词

童话般的握手

撰稿　余坦坦

曼彻斯特市，简称"曼城"，大不列颠及北爱尔兰联合王国的第二繁华城市，也是武汉友好城市。2016年7月上旬，作为武汉——曼彻斯特结好30周年庆祝活动的重要组成部分，"小小外交家——2016武汉中小学生访问英国曼彻斯特代表团"一行近百人，从武汉出发，访问了远在大西洋英伦三岛上的这座友城。

【"小小外交家"代表团（小小记者团、武汉长港路小学学生、武汉常青实验小学学生、武汉外国语小学学生）各自合影、出发场景】

经过将近12小时的长途飞行，当地时间7月6日晚上7点，"小小外交家"代表团抵达了英国首都伦敦。此时已是北京时间7月7日凌晨两点多钟了，尽管有7个小时的时差，尽管出关、候车、到酒店途中又花了两三个小时时间，可"小小外交家"们一点睡意都没有，兴奋呀，高兴呀，期待呀，一路上欢声笑语……

【"小小外交家"代表团下飞机、出海关、乘坐大巴去酒店场景】

曼城距伦敦还有好几个小时的车程,从伦敦去曼城还要经过约克,因此经停伦敦、约克期间,访问团安排"小小外交家"们游览了伦敦市容、景点,参观了约克古城。

【"小小外交家"代表团游览伦敦塔、碎片大厦、泰晤士河、大本钟、大英博物馆、白金汉宫换岗仪式场景,以及参观约克古城墙、约克大教堂、对角巷场景】

当地时间7月10日上午,"小小外交家"代表团终于来到了此行的目的地——武汉友好城市曼城。

【曼城街景】

曼城是世界工业革命的摇篮,创造了许多世界第一。不过除了曾经辉煌的工业,曼城还有一个让世界亮眼的产业,那就是足球!曼城拥有两支英超豪门——曼彻斯特联队和曼彻斯特城队。这不,一进入曼城,"小小外交家"代表团就直奔曼联的主场老特拉福德球场。友城之旅,从足球开始!

【"小小外交家"代表团参观老特拉福德球场、曼联博物馆、曼特斯特城队青年队训练场、与武汉U18女子足球队合影场景】

曼联博物馆里的奖杯,比不上天上的星星多,但肯定比天上的星星亮啊!

当地时间7月11日上午,"小小外交家"代表团拜访了中国驻曼城总领事馆,中国驻曼城总领事馆副总领事赖波及夫人,以及领馆的工作人员热情迎候、接待了"小小外交家"代表团一行,并就大家共同感兴趣的话题回答了"小小外交家"们的提问。

【"小小外交家"代表团参观总领事馆,副总领事赖波及夫人接见"小小外交家"代表团并回答提问,副总领事赖波题字,副总领事赖波及夫人与"小小外交家"代表团合影等场景】

既然到了足球之城,看一场足球比赛就是少不了的节目。当天下午,一场足球友谊赛在曼特斯特城队青年队训练场举行。比赛在武汉 U18 女子足球队和曼特斯特城业余女子足球队之间进行,结果武汉队以 5:0 的悬殊比分战胜了来自足球王国的曼城队。不过输赢并不重要哦,友谊第一。

特别值得一提的,是"小小外交家"代表团的两支表演队也闪亮登场,一支是武汉外国语小学的中国功夫表演队,一支是武汉长港路小学的中国舞龙表演队。精彩的表演,让全场观众,尤其是英国朋友掌声喝彩声不断。

【舞龙表演、功夫表演和比赛场景】

当地时间 7 月 12 日,这天的重头戏,无疑就是拜会曼彻斯特市名誉市长卡尔·奥斯汀·贝安先生了。一大早,"小小外交家"们都满心期待,盛装出发,兴致勃勃地等待着与市长先生会面的那一刻。

【"小小外交家"代表团来到曼彻斯特市政府广场场景】

上午 10 点整,贝安先生准时来到会客厅,与代表团见面。明星范儿的贝安先生真是帅啊,同学们都围了上去。对于"小小外交家"代表团的到来,贝安先生也是格外地高兴与欢迎。这不,"小小外交家"代表团离开市政府广场时,贝安先生还

武汉长港路小学的舞龙表演让西蒙一家眼前一亮。余坦坦/摄

破例送出大楼呢。

【"小小外交家"代表团赠送礼品、贝安先生回答"小小外交家"代表团提问、为"小小外交家"题词、与"小小外交家"代表团成员合影场景】

会见在友好、热烈、欢快的气氛中依依不舍地结束。

【贝安先生与"小小外交家"代表团告别时的场景】

每个孩子心中都有一个童话梦,幻想着自己是城堡中的王子、公主,在这里享受自然风光的馈赠,圆他们心中的梦。当地时间7月13日,充满神秘梦幻色彩的一天。为什么这么说呢?因为这一天"小小外交家"代表团要前往曼彻斯特附近柴郡一个叫自由绿色庄园的地方,拜访当地的一位英国爵士。爵士是什么样的?庄园的别墅又是什么样的?带着这些好奇,同学们出发了。

这就是英国爵士的家啊!西蒙·霍沃思先生和他年已90的老爸老妈站在有几百年历史的祖宅前欢迎大家。西蒙·霍沃思先生的父亲菲利普·霍沃思是一位从男爵。

西蒙·霍沃思先生的家族有着绵延六代人的中国故事,从1875年至今持续140多年——从清末、民国直至新中国的"前后两个三十年"——六代人都是中国人民的老朋友。

瞧,这是西蒙·霍沃思先生的爷爷奶奶当年游历中国时拍的照片、收集的各种实物。

国王赐予霍沃思家族的佩剑真是闪亮啊!

感谢西蒙·霍沃思先生和他父母的热情款待,武汉电视台"睛彩武汉"交通频道作为"小小外交家"英语口语大赛的主办方,向西蒙·霍沃思先生及其父母赠送具有中国特色的礼品。

武汉长港路小学的舞龙表演让西蒙一家眼前一亮。喜欢中国文化的西蒙·霍沃思先生连说:"Very good!"

表演过后,大家还聚在一起交流品茶,程自迩小朋友为西蒙家人表演了茶艺。

"走,去看看我家的庄园!"西蒙·霍沃思先生亲自当起导游。

中午,西蒙·霍沃思先生请大家吃了一顿正宗的英国大餐。饭后,西蒙·霍沃思先生又和女儿一同陪着"小小外交家"代表团参观了附近的一个动物园。

临别前,西蒙·霍沃思先生上车,与"小小外交家"代表团成员一一握手道别,真是绅士风度和贵族风范哟!

【"小小外交家"代表团参观西蒙·霍沃思先生祖宅、舞龙表演、茶艺表演、午餐、参观动物园、西蒙·霍沃思先生与"小小外交家"代表团成员一一握手道别场景】

"小小外交家"代表团访问曼城的官方和非官方活动至此就圆满结束了。古老而又时尚的曼城,热情友好的曼城市长、西蒙一家以及中国驻曼城总领事馆,给孩子们留下了美好而难忘的印象。

在曼城期间,"小小外交家"代表团还参观了曼彻斯特人文历史博物馆、曼彻斯特工业与科技博物馆、曼彻斯特大学,与希尔德广场小学（Heald Place Primary School）师生进行了游戏联欢。

【"小小外交家"代表团参观曼彻斯特人文历史博物馆、曼彻斯特工业与科技博物馆、曼彻斯特大学，与希尔德广场小学师生进行游戏联欢场景】

完成出访的"规定动作"之余，"小小外交家"代表团就开始了他们的"梦幻之旅"。在剩余的几天时间里，他们先后到剑桥大学、牛津大学、格林威治天文台开展了游学之旅，到巴斯古城、温莎城堡开展了休闲之旅。所到之处，收获满满，快乐满满呀！

【"小小外交家"代表团游学剑桥大学、牛津大学、格林威治天文台场景；参观巴斯古城、温莎城堡场景；途中看书学习、交流、写日记场景】

12天的访问很快就结束了，马上就要和英国说再见了，"小小外交家"们都依依不舍。临上飞机前，他们纷纷抒发自己的访英感受，畅谈对武汉、曼彻斯特两座友城友好交往的遐想与展望（谈话内容可根据需要重新录制）——

武汉外国语小学谭永淇：我们的友城是近现代工业的发源地，而曼城拥有两个世界超级球队，剑桥拥有世界上最多的获得诺贝尔奖的科学家，我希望有一天成为他们的校友，成为一名伟大的科学家！

武汉育才行知小学李思想：感谢"小小外交家"给了我一个出国交流的平台，祝愿"小小外交家"能走得更高，飞得更远。

　　武汉育才小学赵钦煜涵：这次来曼诚访问，同时也参观了许多地方，带给我最大的震撼是他们的建筑。其中温莎城堡是最牛的，建筑的内涵也很丰富。参观温莎城堡最严肃的事情是与英国卫兵合影，大家小心别让枪把自己给"game over"啦！哈哈……

　　武汉常青实验小学牛梓如：英国和我想象中的太不一样了！这里的建筑都有很多年的历史，都很漂亮，特别是温莎城堡！我们在那里看到了一位正在花园遛狗的老奶奶，那会不会是女王陛下呢？通过这一次活动，我觉得自己朝着外交家的梦想走得更近了。

　　是啊，进入新世纪以来，英国正力争成为中国"在西方最好的伙伴"，中英两国成为重要的战略朋友。武汉与曼彻斯特这两座有着悠久历史和伟大作为的名城，也成为彼此重要的发展伙伴。随着2015年10月习近平主席对英国的成功访问，中英关系就如英国驻华大使吴百纳女士所说的那样进入"黄金十年"。中国有一句古话叫"国之交在于民相亲"，武汉"小小外交家"们的这次访问，如同一次跨越万里的"童话般的握手"，无疑系牢了中英两国政府和人民之间的友谊纽带，系牢了武汉与曼彻斯特这两座城市之间的友谊纽带。

　　Manchester（曼彻斯特），I'll come again！（我会再来！）

剧终
2016年8月写于汉口

"中国人"西蒙

撰稿　余坦坦

1　片头：

片名推出时，片名"中国人"用中国书法手书，"西蒙"二字先用英文"Simon"，然后用手揪走，换上中文"西蒙"。

2　画外音：

2017年2月14日，一个特殊的日子——情人节，我们迎来了这位英国朋友——西蒙。

这不是他第一次来了。2012年第一次来到中国之后，每年，西蒙都会数度踏访这片神奇的土地。

一个英国人，为什么不远万里，频繁地往来中国呢？

3　讲述：西蒙长兄克里斯·霍沃思讲述西蒙"中国人"绰号的由来。

4　画外音：

哈，原来，西蒙是个"中国人"！

5　讲述：西蒙讲述自己自幼因"中国人"这一绰号而产生的中国情结。

6　讲述：西蒙妻子法莉娅讲述丈夫的中国情结。

7　讲述：西蒙长女凯蒂讲述父亲的中国情结。

8　讲述：西蒙长兄克里斯·霍沃思之子奥利弗讲述"我眼中的叔叔"。

9　画外音：

西蒙·尼古拉斯·霍沃思博士,英国知名的创业家和投资人,先后在英国、美国和中国创建过14家科技公司,还在剑桥大学、华威大学、雷丁大学等几所英国著名高校开设企业家精神和国际贸易方面的讲座。作为中英金融俱乐部创始人之一和英中贸易协会的活跃会员,他直接促进中英贸易的发展。而在许多英国人眼里,西蒙更是一个"中国通"。

10　讲述:西蒙合作伙伴、剑桥大学贾吉商学院驻院企业家艾伦·白睿教授讲述"西蒙与中国"。

11　画外音：

然而西蒙及其家族与中国的渊源,远比这要深远得多。

12　情景再现:自由绿色庄园/西蒙父亲、菲利普·霍沃思爵士在书房电脑前写电子邮件。

13　画外音(模拟菲利普·霍沃思爵士声音)：

"西蒙,家族与中国的联系比你提到的还要早一代。哈瑞·加德姆(奶奶的父亲)在上海呆了两年半,时间是1887年4月至1889年8月。他在那里的生活过得很圆满……"

14　画外音：

2014年9月6日,西蒙收到父亲的一封电邮。此前,西蒙也知道家族与中国有着长期交往,但他没有意识到这种交往有多久。父亲电邮中提到的哈瑞·加德姆,也就是西蒙的曾外祖父,1887年到1889年在上海呆了两年多,西蒙还是第一次听说。作为一个在世界各地打拼的创业家,一个致力英中友好的人,此时西蒙太希望了解自己与中国的这种渊源了。而这种渊源的一些重要佐证,据他父亲说,此时说不定就隐藏在那座有着350年历史的祖宅的某一个角落。于是他出发了,从英格兰赫特福德郡阿什维尔村自己的家,火速赶往254公里之外的祖宅——紧挨着英格兰柴郡纳茨福德镇的自由绿色庄园。

15 情景再现:自由绿色庄园/西蒙匆匆走上祖宅楼梯/推开阁楼小门/打开祖父祖母的旅行箱/翻找/找到并翻阅祖父祖母的日记/找到并翻阅4本家族传记。

16 讲述:长江日报记者肖娟讲述发现并报道西蒙家族中国故事的经过,并逐一介绍第一代亨利·加德姆、第二代哈瑞·加德姆、第三代(多萝西·加德姆)、第四代安东尼·加德姆、第五代西蒙·霍沃思、第六代乔治·霍沃思。

17 画外音:

1875年,西蒙的高祖、40岁的亨利·西奥多·加德姆在英国曼彻斯特创办了H.T.加德姆公司(H.T. Gaddum & Co.),开始做丝绸生意。亨利·西奥多·加德姆是他受洗礼时起的名字,但是纵观他的一生,大家都叫他"H.T."。亨利·西奥多·加德姆选择的生意伙伴是著名的怡和洋行(Jardine Matheson)。很长一段时间里,亨利管理着和怡和洋行的联合账户,从中国江浙一带进口蚕茧。在剑桥大学图书馆,我们找到了亨利·加德姆公司当年与怡和洋行生意往来的原始信件。剑桥大学图书馆藏有30多箱原始文件,每个箱子里面都包括许多1874年到1917年间H.T.加德姆公司写的或收到的信件。这是一份非凡的档案，完美无缺地保存了这么多年。同时这对西蒙来说是个很大的惊喜，这些古老的记录竟然保存在离他这么近的地方，耐心地等待着他去发现。

18　画外音：

1887年，亨利的长子、西蒙的曾外祖父哈瑞·加德姆来到中国，在怡和洋行设在上海的丝绸商贸部门学习经商。怡和洋行拥有一艘专门送信的蒸汽船，每个月送一次信。哈瑞感到幸运的是，作为怡和洋行的雇员，他总是第一个收到每个月的来信。在上海工作之余，哈瑞就忙着参加马球、赛艇、狩猎等各种活动。在后来的家族传记中他说：在中国的时光，是他一生中最快乐的日子。回到英国后，哈瑞做的第一件事就是于1891年在英国创立了第一个马球俱乐部，俱乐部离曼彻斯特很近。

19　情景再现：西蒙祖父母杰弗里·霍沃思、多萝西·霍沃思夫人到中国旅行时拍摄的无声电影。

20　画外音：

这段珍贵的无声电影，是上个世纪60年代西蒙的祖父母杰弗里·霍沃思和多萝西·霍沃思夫人旅行中国时拍摄的。两位老人一辈子热爱旅行。1963年和1967年，他们跟随一小群英国同胞，先后两次来到一直好奇的"共产主义中国"。据多萝西·霍沃思夫人日记记载，总共40多天的旅行中,他们到了北京、武汉、广州、杭州、上海、南京、济南、哈尔滨等地。其中1963年在北京入境后,游览的第一个城市就是武汉,日记和电影胶片记录了他们怎么参观的武汉长江大桥和当时堪称中国工业骄傲的武汉钢铁公司。多萝西·霍沃思夫人在日记中写道:从空姐、海关工作人员到导游、翻译,都非常专业友好;走在街上,中国人会围着他们笑着打招呼。北京的"五一"国际劳动节"到处洋溢着节日的气氛",人们穿着漂亮的衣服,许多风筝在空中飞翔。多萝西的这些中国日记,共有两本,每本200多页。日记里面包括许多霍沃思夫人自己亲手画的和旅行相关的画、中国的剪纸、旅行中收集到的照片、中国的单据、歌剧邀请、剪下来的丝绸,还有一个空的烟盒上是武汉长江大桥。第一次旅行结束后,多萝西·霍沃思夫人撰写了《中国女性》等文章在英国报纸发表,文中说,中国人"快乐而友好",孩子们"看上去干净、健康,脸上常常挂着微笑,很有礼貌"。第二次旅行后,英国报纸上刊登了多萝西·霍沃思夫人的来信:我们独自出行,不管是散步、坐人力车游览,还是在北京的北海公园划船,到处都能遇到非常善良和友好的人,就像我们此前曾经在1963年的旅行一样。

21　画外音:

据西蒙的父亲菲利普·霍沃思爵士介绍,加德姆家族的生意后来传给了自己的表弟、也就是西蒙的表叔安东尼·加德姆。安东尼·加德姆将家族生意发展为一个国际化的纱线代理公司,并于上个世纪90年代恢复了从中国进口丝线,多次到中国进行商务访问，直到 2004 年退休。"可惜他在 2008 年突然去世，不然他一定乐意谈谈在中国的见闻。"（模拟菲利普·霍沃思爵士声音）

22　讲述：西蒙讲述自己的中国经历：2010 年金融危机后，将目光和事业转向中国，进军中国市场，开展商务活动……

23　画外音：

怀着深深的中国情结和对英中合作的美好愿景，西蒙开始了他的中国事业。

2009 年，武汉光谷生物城刚刚创生。3 年后，西蒙第一次来到中国。两张光谷生物城的照片给西蒙留下了深刻印象：一张是 2009 年光谷生物城创生时的原貌，那是一片荒地；另一张是 2012 年的光谷生物城，3 年过去，高新技术公司的大楼已经成排成片。毫不犹豫，2013 年，西蒙在光谷注册成立了自己的生物科技公司——康倍达（武汉）生物科技有限公司，并担任首席执行官。公司成立 4 年来，在生物科技领域积极拓展中国市场：

——2017 年 2 月 22 日，公司与武汉市肺科医院签约，正式引进具有世界先进水平的结核病诊断试剂盒项目。该项目将使新型结核病早期诊断设备在中国实现产业化，填补国内空白，英国驻武汉领事馆总领事尼克·卫亭瀚见证签约仪式。

——由其发起创建、总规模约 30 亿元的"中英基金"项目也在顺利建立当中。这是目前为止西蒙最重要的项目，该基金通过从欧洲和美国引进世界领先的技术产品来驱动中国下一代医疗保健产品的发展。一批有实力的金融大咖和中国私人股本集团正与西蒙及他的团队联合,这也是其他中国投资者与西蒙联合参与这项雄心勃勃事业的机会。该基金将按照中国的"五年规划",每年引进3—5个重要的新的创收技术产品到中国。西蒙目前正在确认中国投资者的承诺,并相信该基金将传递其家族所有中国贸易活动的最大价值。

——目前,西蒙正谋划在英国剑桥建设一个占地550英亩的王朝中心。作为中英贸易中心,它将成为帮助中国新兴产业科技公司进入欧洲以及欧洲尤其是英国企业进入中国的桥梁。

24　画外音:

2017年2月14日中午,西蒙从伦敦经上海飞抵武汉。一下飞机,顾不得连续飞行16个小时的劳顿,甚至也顾不上吃饭,西蒙就来到位于汉口后湖地区的武汉育才行知小学,与小学生们见面。孩子们准备了丰富多彩的节目来迎接这位远道而来的大朋友,西蒙则给小朋友们带来了铅笔、玩具等礼物和英国式的幽默。中英友好之花总是因西蒙的到来而绽放。

西蒙虽然是一个经济界人士,但受家传的影响,在与中国的交往中,并不只是"在商言商"。2009年起,西蒙每年受邀到剑桥大学等英国著名大学举办讲座,并在各种活动和媒体上介绍中国。2016年7月,西蒙邀请武汉"小小外交家"代表团访问自由绿色庄园,并先后帮助100多名两国少年儿童互动交流。他还登上市民大讲堂与武汉市民学生面对面交流互动……

25　画外音:

今天是星期三,一个普通的日子,然而在西蒙阿什维尔的家里,却是一番热闹景象:中午,一桌热气腾腾的中国菜端上了桌子,一群来自湖北的朋友围坐在一起,像在武汉的家里一样喝酒吃饭。原来,今天是西蒙家里的"中国日",每逢此时,西蒙要么在家里招待来自中国的朋友,要么做一顿"中国菜"款待自己的家人,一家人围桌而坐,其乐融融,感受中国美食和文化的无穷魅力。

2016年10月,一对中国夫妇应邀来到西蒙家里做客。星期三那天,这对中国夫妇特地做了几个中国菜请西蒙家人品尝。几个简单美味的中国菜不仅俘获了西蒙一家的胃,更俘获了西蒙一家的心。从那以后,西蒙就将周三定为家里的"中国日"。

长期与中国打交道,西蒙的生活也越来越"中国化"了。他开始学中文(西蒙用中文说:"嗨,你好!")。他喜欢吃中国菜,来武汉不忘了到吉庆街和一帮中国朋友把酒言欢,喝中国白酒。登黄鹤楼,参观博物馆,感受楚文化的博大精深,每次来都尽力了解更多的关于中国艺术方面的知识。他英国的家里更是充满了中国元素,甚至他的企业LOGO也是一个大大的"中"字。

26　画外音：

沿着祖辈们的足迹，西蒙致力家族与中国世代友好，并正在培养子女成为未来英中友好事业的"接棒人"。西蒙的孩子们最终将继承家族事业，并用他们自己的方式来发展未来的英中友谊。

27　讲述：西蒙长子乔治讲述在父亲的安排下两次来到中国工作的故事，以及他对父亲中国事业的看法和自己对中国的向往。

28　讲述：西蒙小女儿阿玛拉讲述心目中的父亲和中国。

29　画外音：

西蒙及其家族的中国故事引起了中英两国社会各界的极大兴趣，并受到广泛赞扬。

30　讲述：中国驻英国大使馆公使衔参赞金旭点赞西蒙。

31　讲述：武汉市一位领导在剑桥大学发表演讲、跟高层代表和议会成员谈话时点赞西蒙及其家族。

32　讲述：武汉光谷生物城管委会负责人点赞西蒙。

33　讲述：英国驻武汉领事馆总领事尼克·卫亭瀚点赞西蒙。

34　讲述：剑桥大学化学工程与生物技术系教授娄睿思点赞西蒙。

35　画外音：

2015年,西蒙荣获了武汉市人民政府颁发的"黄鹤友谊奖"。为习近平主席访英拍摄的宣传片《当英国梦遇见中国梦》中,西蒙是片中提到的影响中国的6个英国人之一。2014年李克强总理访英期间,李克强总理和时任英国首相戴维·卡梅伦共同见证了西蒙以及其他一些英国企业与中国同行的签约仪式。

36　画外音：

西蒙及其家族的中国故事,引起了武汉一位传记作家的浓厚兴趣,从2016年5月起,他开始搜集资料,准备写一本这个英国家族中国故事的书。

37　讲述：

传记作家、长江日报记者余坦坦讲述《剑桥笔记》一书的写作。

38　画外音：

这是一个对中国充满热情与好奇的英国家族,同样地,中国人民也对他们充满了好奇与热情。那么现在,就让我们来认识一下这可爱的英国一家人吧。

先认识一下西蒙的父母：

菲利普·霍沃思爵士——西蒙的父亲,年届九十。他继承了"从男爵"爵位,一辈子与土地打交道,既是一位风度翩翩的乡村绅士,也是一个勤勤恳恳的农场主。

霍沃思夫人——西蒙的母亲。与丈夫生育了4个儿子、

1个女儿：长子克里斯（Chris）、女儿简（Jane）、次子马克（Mark）、老四西蒙（Simon）、老五亚当（Adam）。不幸的是，就在本片制作过程中，霍沃思夫人于2017年5月意外去世，享年91岁。

再认识一下西蒙的兄弟和姐姐：

克里斯·霍沃思——西蒙的大哥，也是未来爵位的继承人。他在剑桥从事地产生意。他给弟弟起的那个绰号——"中国人"，影响了弟弟的人生和事业走向。

简·伯恩——西蒙的姐姐，去年退休前是一家大型国际公司的人力资源总监。

马克·霍沃思——西蒙的二哥，自己开办了一家活动策划公司。

亚当·霍沃思——西蒙的弟弟，是一位医生。

最后来认识一下西蒙的夫人和孩子们：

妻子法莉娅，一位印度裔美女。出生在非洲的乌干达，在美国长大，一岁以前随父母移民加拿大温哥华。她的第一个职业是一个专业的钢琴家，环游世界，在许多音乐会中以独奏而著称。后来她决定从音乐中退出，到英国来学习并在英国完成了她的工商管理硕士学位课程的学习。10年后，她遇见了西蒙，与西蒙一见钟情，喜结连理。法莉娅的父亲是一位成功的房地产商人，她自己现在是美国亚马逊公司伦敦分公司的一位经理。她像丈夫一样热爱中国，支持丈夫的中国事业。她计划和西蒙近期访问武汉和中国，因为尽管她去

乔治(左)也乐意继承先辈们开创的中国事业。两次中国经历加深了他对古老中国的感受和认识。 余坦坦/摄

了很多地方,但中国对她来说仍然是未知的。

23岁的大儿子乔治,刚刚从雷丁大学毕业,现在伦敦一家房地产公司供职。西蒙有意将家族与中国友好交往的接力棒传给乔治,乔治也乐意继承先辈们开创的中国事业。两次中国经历加深了他对古老中国的感受和认识,也许不久,他会第三次来到中国。

次子威廉,正在英国埃克塞特大学读本科。他学的是工程专业,希望自己也能像哥哥那样获得一个到中国实习的机会……当然也像他的高曾祖父那样。

大女儿凯蒂,拥有漂亮英国女孩的年轻外表和身材,正在读中学。在西蒙所有的孩子中,凯蒂对中国文化最感兴趣,她决定在不久的将来访问武汉。

值得一提的是小女儿阿玛拉,别看她小,今年才7岁,却是一个聪明伶俐的小精怪。虽然她只是一个小学生,对世界的认识才刚刚开始,但对于爸爸的中国事业,却也看在眼里,记在心上,在英中友好这件事上,与爸爸"心有灵犀一点通"。东西方混血基因似乎使她具有世界眼光和双重视野。瞧,她对中国充满了兴趣,已经开始学中文了。可以期待,长大了,她一定是家族中国事业的英明领导者。

而西蒙本人呢,事业之外,更是一个热爱生活、热爱家庭的人。他是一个好儿子、好女婿,一个好爸爸,一个好丈夫,他是"农民西蒙",也是"西蒙博士",他是创业家、投资人,也是一位有修养的画家、猎人、马球球员、赛车手、过去的橄榄球运动员、滑雪者、威士忌爱好者、蓝调钢琴演奏者、作家和学者。他似乎热爱一切,并且把这种热爱带到中国。

39 讲述(西蒙原声):

"和中国有关的传奇,如同流水般穿过我家族的每一代。我有责任将其延续下去。"

"英中交往的大桥已经搭好,但桥上车辆稀少。我的使命就是使桥上的车子多起来,远远超过现有的数量,并且川流不息。"

40 画外音:

上个世纪,不少西方人士书写了可歌可泣的中国故事,新西兰的路易·艾黎、美国的埃德加·斯诺、加拿大的诺尔曼·白求恩、德国的威尔纳·格里希……如今,英国的西蒙·霍沃思又来了。作为西方通往中国的一座新的桥梁,西蒙正用他独有的英国方式,书写一个外国人21世纪的中国故事。

剧终

2017年6月写于汉口

后　记

让我们通过西蒙这座桥去拥抱英国

余坦坦

这么多年，我也算是跑了不少国家和地区了，也结交了不少的外国人，但迄今为止，还没有哪个国家哪个地区或哪个外国人，能够像英国和西蒙·霍沃思先生这样，激起我如此巨大如此炽烈的创作热情——不只是写作热情而是创作热情。

这是为什么呢？

著名历史学家钱乘旦先生在2016年出版的六卷本《英国通史》总序中说："英国这个国家值得人们的特别关注，因为它在人类历史上发挥过特殊的作用。"去过几次英国后，觉得钱乘旦先生的这句话说得特别对，英国的确是一个与众不同、各方面都具有特殊魅力的奇幻国度，值得我们去特别关注。这算是我创作此书的初衷吧。恰恰在这个时候，我结识了西蒙，并成为好朋友，他们家族六代人绵延140多年的中国故事更激起了我了解这个人、了解这个家族甚至了解这个国家的巨大兴趣。时值中英关系进入"黄金时代"，又逢中国改革开放40年，呈现这样一段历史，书写这样一个故事，就更有特别的意义。

　　如果读者诸君能够不吝时间阅读本书的话,就会发现:《剑桥笔记》更是一本文学书,一本人物传记小说,或者说是一部文学性很强的历史书;并且它不仅写了西蒙及其家族的中国故事,更写了英国的林林总总,它的历史,它的地理,它的风土人情,等等。西蒙不止一次地对我说:"英中交往的大桥已经搭好,但桥上车辆稀少。我的使命就是使桥上的车子多起来,远远超过现有的数量,并且川流不息。"其实西蒙本人就是这样一座桥,一座架在当代英国与当代中国之间、架在两国人民之间的友谊的桥、文化的桥、科技的桥、经济的桥、合作的桥。其实我创作此书的又一重目的,就是让我们中国的读者能够通过西蒙这座桥,走进英国这个古老神奇的国度,去认识它,去了解它,去拥抱它。我不敢说一册在手尽晓英国,但至少读了《剑桥笔记》,我想对于英国您也可以做到"心中有数"了。

　　不过,尽管《剑桥笔记》追求文学性,但在写作的过程中,对于其中的每一个人物、每一件事情、每一个细节,甚至其中的某一句话、某些个字词,我都做了力所能及的反复考证、研究与核实,力求准确、翔实、无误,所谓"大胆设想,小心求证"是也。然而即便如此,差错也还是在所难免的,乃望读者诸君,尤其是西蒙,谅解并不吝指正之责。

　　本书在写作和出版过程中,始终得到武汉出版社社长朱向梅女士、副总编辑邹德清先生的鼓励与支持,责任编编辑杨建文、管一凡和美术编辑马波则为本书的编辑、装帧设计付出了辛勤劳动,留英博士谭佳龙、陈晨夫妇给本书部分段落文字的表述提出宝贵意见,李红霞、王佳杰、余天泽等也在写作过程中提供过帮助……在此一并表示谢忱。

一百多年来,武汉一直与英国有着广泛而特殊的政治、经济和文化联系,近些年来随着英国驻武汉总领事馆的恢复设立,武汉与英国的联系正日益密切。尤其是今年以来,武汉频频与英国"握手":英国首相特蕾莎·梅访汉、武汉伦敦飞机直航、英国女王伊丽莎白二世和首相特蕾沙·梅参观切尔西的武汉花园、"武汉之窗"在剑桥开张、武汉市市长访问英国……这一切都预示着武汉与英国友好交往的"黄金时代"也已经到来。希望我的这本书,能为这个美好时代增添一抹亮色。

需要说明的是,之所以叫《剑桥笔记》,一则因为主人公西蒙其事业及大部分生活经历都在剑桥或附近,一则因为本书写法上的文学性、记录性兼碎片化更接近于写作体裁中的笔记体,故而名之。亦曾考虑用《阿什维尔笔记》这个名儿,然"阿什维尔"终究不如"剑桥"的名气大,亦不如"剑桥"好记,遂舍"阿什维尔"而取"剑桥"也。

最后,我要特别提及西蒙的父母——菲利普·霍沃思爵士和他的夫人。两位老人在本书的写作和出版过程中先后辞世,尤其是爵士本人在本书即将出版的前夕辞世,不能不说是一个巨大的遗憾。我曾多次与两位老人交往,两位老人对中国人民的美好情感发自内心、溢于言表。我像敬重自己的父母一样敬重他们!他们可爱的音容笑貌也将永远留在我的心中……

2019 年 9 月于中国武汉